한방에 만나보는 무료강의

최신판

김태은

G-TELP
한방에 끝내기

LEVEL 2 65점 단기완성

김태은 편저

문법 + 독해 + 문법 모의고사 2회

- 최신 트렌드를 반영한 학습포인트와 연습문제
- 정답이 보이는 실전 꿀팁 대방출
- QR로 만나보는 강의 : 무료 강의 제공

epasskorea

머리말

지텔프(G-TELP) 시험은 다양한 공무원/자격시험의 필수 요건이 되면서 많은 수험생들이 빠르고 안정적인 득점을 목표로 준비하고 있습니다. 그러나 시험에 대한 충분한 이해 없이 무작정 문제를 풀기만 한다면, 비효율적인 학습으로 인해 원하는 점수를 얻기 어려울 수 있습니다.

이 교재는 지텔프 시험의 특성을 정확히 파악하고, 수험생들이 단기간에 목표 점수를 달성할 수 있도록 체계적으로 설계되었습니다. 특히, 영어에 익숙하지 않은 초보자도 쉽게 이해하고 따라올 수 있도록 구성하여, 효율적인 학습이 가능하도록 했습니다.

이 책의 학습 전략
이 교재는 지텔프 시험을 효과적으로 공략하기 위해 세 가지 핵심 전략을 중심으로 제작되었습니다.

1. **출제 포인트 정리**
   시험에서 반복적으로 등장하는 핵심 문법, 독해 패턴, 청취 유형을 체계적으로 정리하여, 중요한 부분만 빠르게 익힐 수 있도록 했습니다.

2. **파트별 빈출 내용의 정확한 숙지**
   지텔프 시험에서는 특정 문법과 표현이 반복적으로 출제됩니다. 본 교재는 이를 철저히 분석하여 시험에 꼭 나오는 내용만 집중적으로 학습할 수 있도록 했습니다.

3. **반복 연습을 통한 체화**
   아무리 좋은 이론을 학습해도, 실전에서 적용하지 못하면 의미가 없습니다. 본 교재는 충분한 연습문제와 실전 문제를 제공하여 학습한 내용을 확실하게 체득할 수 있도록 구성했습니다.

지텔프 시험은 출제 패턴을 정확히 알고, 전략적으로 접근하면 충분히 단기간 내에 고득점이 가능한 시험입니다. 핵심 내용을 정확하게 이해하고, 반복 연습을 통해 문제 풀이 스킬을 체화한다면 안정적인 점수를 확보할 수 있을 것입니다.

여러분이 목표를 달성할 수 있도록 이 교재가 든든한 길잡이가 되기를 바랍니다.
끈기 있는 노력과 올바른 학습 방법이 있다면, 원하는 결과를 반드시 얻을 수 있을 것입니다.
당신의 도전을 응원합니다!

2025년 3월
김태은

G-TELP 소개

 1. G-TELP 개요

G-TELP는 국제테스트 연구원(ITSC, International Testing Services Center)에서 주관, University of California Los Angeles, Georgetown University, San Diego State University, Lado International College 등의 저명한 교수진이 연구, 개발하였고, 국내외 저명한 언어학자, 평가전문가들이 참여하여 국제적으로 시행하는 공인영어테스트이다. G-TELP 는 General Tests of English Language Proficiency 의 약자로 "지텔프"라 통칭한다. G-TELP 는 G-TELP(필기시험), G-TELP Speaking(말하기능력시험), G-TELP Writing(작문능력시험)으로 각각 독립적으로 시행된다. G-TELP는 1985년 ITSC 주관으로 개발 완료 검증된 이래 미국, 중국, 일본, 대만 등 세계 여러 나라 정부기관 기업에서 독해, 청취, 구술, 쓰기 평가를 위한 일반영어, 실용영어 활용능력 평가교육도구로 활용되고 있는 국제 표준 공인 영어 시험이다.

우리나라에서는 지텔프 한국위원회가 1986년에 설립되어 G-TELP 시험을 주관 대행하였다. 현재 G-TELP Korea가 ITSC's G-TELP SERVICES의 글로벌 파트너로서 국제적으로 G-TELP 시험을 운영 주관하고 있다. G-TELP 는 88 서울올림픽, 2008 베이징 올림픽의 공식 영어 평가교육 툴(통역안내, 자원봉사자 선발교육)로서 지정/활용되어 영어평가 교육 방법 체계의 객관성, 타당성 그리고 우수성을 입증 받았다.

G-TELP (General Tests of English Language Proficiency)는 어떤 특정한 분야, 예를 들면 사무직, 기술직, 대학생뿐만이 아닌, 일상생활과 관련된 일반적인 성격의 의사소통능력을 평가하는 다섯 단계의 등급시험(Level Test)과 말하기 능력시험을 평가하는 구술시험 (Speaking Test), 작문능력을 평가하는 작문시험(Writing Test), 초·중등학생 영어활용 능력을 평가하는 주니어시험 (Jr. G-TELP)으로 구성되어 있다.

G-TELP(General tests of English Language Proficiency)는 단순히 어떤 배운 내용을 평가하는 시험이 아닌, 영어능력을 종합적으로 평가하는 시험이며 국제 공인 시험이 가지는 신뢰성(Reliability), 타당성(Validity), 실용성(Practicality)을 갖춘 시험이다. 점수를 다른 사람과 비교할 수 있을 뿐 아니라 수험자의 영어능력을 철저하게 분석하고 진단하여 수험자가 자신의 언어능력으로 무슨 일을 어느 정도 잘 해낼 수 있는지를 알려준다.

G-TELP(General Tests of English Language Proficiency)는 우리나라 국가고시, 외무·행정·기술·입법·법원행정처 등 공무원 선발 영어대체시험, 변리사·노무사·세무사·감정평가사 등 각종 자격증의 영어대체시험, 행정자치부 전 공무원의 장·단기 해외 훈련 자격시험, 국토교통부 항공정책실 항공영어구술능력증명시험, 카투사 및 영어어학병, 군무원 선발 영어대체시험과 기업체의 신입선발 및 기존사원 평가시험, 대학(원)교 졸업자격 영어 대체시험, 초·중·고등학교 영어 교육자료로 활용되고 있다.

2. 지텔프 시험 레벨 2의 특징 및 구성

1. 출제 방식 및 시간
   문법 26문항, 청취 26문항, 독해 28문항으로 구성된 총 80문항을 90분 동안 풀게 되는 시험

2. 평가 기준
   다양한 상황에서 대화가 가능한가를 업무 상담 및 해외 연수능이 가능한 수준에서 평가

3. 합격자의 영어 구사 능력
   일상생활 및 업무 상담 등에서 어려움 없이 의사소통 할 수 있으며 외국인과의 회의 및 세미나 참석, 해외 연수 등이 가능한 수준일 것을 기대

3. 지텔프 VS 토익

구 분		지텔프	토익
시험 간격		2주마다	2주마다
성적발표		시험일 후 5일	시험일 후 약 10일
평가 방식		절대평가	상대평가
총 문항 수		80문항	200문항
파트별 난이도	문법	비교적 더 쉬움	비교적 더 어려움
	청취	비교적 더 어려움	비교적 더 쉬움
	독해	비교적 더 쉬움	비교적 더 어려움

G-TELP 소개

4. G-TELP LEVEL 2 시험 접수와 성적 확인

1. 시험 접수
1) 시험 일정 : 월 2회 일요일 마다 격 주 시행
   ※ 시험 일정, 지역, 고사장, 응시료 변경이 있을 수 있으니 지텔프 코리아 홈페이지에서 해당 정보를 확인하여야 합니다.
2) 시험 접수 : 지텔프 코리아 홈페이지 www.g-telp.co.kr에 인터넷 접수
3) 응시료
   정기접수 : 60,700원 / 추가접수 : 64,700원

2. 시험 당일
1) 입실 시간: 14시 20분까지 입실 완료 (13시 20분부터 입실 가능하나 14시 50분 이후 불가능)
2) 지정된 날짜. 시간, 장소, 좌석에 앉아 대기하기
3) 허가된 신분증, 필기도구, 손목시계 이외에 개인 소지품 소지는 불가

3. 시험 필수 준비물
1) 규정 신분증: 주민등록증, (만료 전)여권, 공무원증, 사병의 외박 또는 외출, 휴가증, 군신분증, 학생의 경우 재학 증명서, 외국인의 경우 외국인 등록증.
2) 컴퓨터용 사인펜 (예비 마킹, 연필 마킹, 수정테이프 위에 마킹 모두 불가)
3) 수정 테이프 (수정액 사용 불가, 빌릴 수 없음.)
4) 펜 또는 샤프펜슬(문제를 풀 때만 허용. 마킹은 반드시 컴퓨터용 사인펜으로)
5) 아날로그 시계(디지털 시계 불가능)
6) 수험표는 출력할 필요 없음 : 고사장 입구에 수험 번호와 배치표를 확인 가능. 고사실 책상 위 수험 번호와 고유 번호와 이름이 적힌 수험표가 있음.

4. 시험 시 주의 사항
1) 시험지에 필기 가능하지만 크게 표시할 경우 부정행위로 간주 될 수 있으니 본인이 인지 가능한 정도의 크기로 필기 하기.
2) 따로 마킹 할 시간은 없음.

5. 성적 확인
1) 성적 결과 통보
   - 온라인 성적 확인 → 응시일로부터 5일 이내
   - 원본 성적표 발송 → 온라인 출력은 확인 직후부터 이며 우편 발송은 발표 후 다음 화요일
2) 성적표 수령 방법: 온라인 직접 출력 또는 우편 수령 (*최초 1회는 무료)
3) 성적 유효 기간: 응시일자를 기준으로 2년간 유효

6. 점수 계산법

> 문법 파트 = 문항당 1.28점 (100점 ÷ 26문항 ÷ 3 = 1.28)
> 청취 파트 = 문항당 1.19점 (100점 ÷ 26문항 ÷ 3 = 1.28)
> 독해 파트 = 문항당 1.28점 (100점 ÷ 28문항 ÷ 3 = 1.19)

예 문법 파트에서 24문제, 청취 파트에서 7문제, 독해파트에서 14문제를 맞춘 경우
(1.28 X 24) + (1.28 X 7) + (1.19 X 14) = 56.34점

출제 경향 및 문제풀이 전략

> 문법

1. 최신 출제 경향

구분	문항수	출제경향
가정법	6	가정법 중 가정법 과거와 가정법 과거완료의 출제 비중이 높음
시제	6	진행형과 완료형이 자주 출제
조동사	2	문맥에 알맞은 뜻을 가진 단순 조동사 위주의 출제
제안절의 동사원형	3	요구, 제안, 명령 동사 이후 that절의 동사원형을 찾는 비교적 쉬운 문항 위주로 출제
to 부정사	2	to 부정사의 여러 가지 용법이 골고루 출제
동명사	2	동명사를 목적어로 취하는 동사와 전치사 위주의 출제
연결사	2	전치사, 종속접속사, 등위 접속사, 접속 부사 등의 다양한 형태가 출제되고 문맥에 알맞은 뜻을 가진 것을 고르도록 유도
관계사	2	관계대명사의 주격 위주로 출제되며, 계속적 용법과 제한적 용법을 구분하는 문제도 자주 출제됨

2. 문법 문제풀이 전략

1) 시제

가정법과 함께 지텔프 문법 섹션에서 가장 많이 출제되는 영역이다. 시제 문제의 대부분이 진행시제의 선택지가 정답으로 선택되어지는 만큼, 진행시제에 대한 폭넓은 이해가 요구된다.

2) 가정법

진행시제에 압도적인 비중을 두는 시제 영역과는 달리, 가정법은 학교 문법에서도 충분히 다루고 있는 가정법 과거와 가정법 과거완료 그리고 이 둘을 혼합한 혼합가정법만이 출제되므로, 수험생들의 학습 부담이 비교적 적은 영역이다. 기본기에 충실한 문제 접근법으로 충분히 해결할 수 있다.

3) 연결사

시제와 가정법과 비교해 보았을 때, 출제 비중은 높지 않다. 그러나 순수한 접속사뿐만 아니라 접속부사, 관계대명사, 관계부사, 간접 의문문, 전치사까지 출제 영역에 포함되므로 수험생들의 학습 부담이 가장 큰 영역이기도 하다. 빈출되는 필수 접속사와 전치사의 암기가 반드시 선행되어야 할 것이다.

4) 준동사
부정사, 동명사, 분사 중 부정사와 동명사만이 출제된다. 부정사를 목적어로 취하는 타동사, 동명사를 목적어로 취하는 타동사 그리고 목적보어로 to 부정사를 갖는 타동사들을 암기하는 것이 중요하다.

5) 조동사
당위의 조동사 should 관련 문제가 압도적으로 많이 출제되므로 이에 대한 대비가 선결되어야 한다. 당위의 조동사 문제를 제외한 최근 빈출된 조동사들을 분석해보면 다음과 같다.

> can[능력] > will[미래, 추측] > could[과거의 능력] > may[추측] > must[의무] > might[추측]

청취

1. 최신 출제 경향

구분	문항수	출제 경향
Part 1	7	일상 대화 - 한 화자가 상대방에게 자신의 경험담을 전달
Part 2	6	제품 설명이나 발표 - 특정 분야에 대한 전문가의 정보 전달
Part 3	6	장단점 비교 등 결정을 위한 대화 - 한 화자가 상대방에게 특정 주제에 대한 의견을 묻고 장단점을 비교하여 말함
Part 4	7	다양한 주제의 강연 - 연사의 특정 주제에 대한 강연 및 발표

출제 경향 및 문제풀이 전략

독해 및 어휘

1. 최신 출제 경향

구분	문항수	출제 경향
Part 1	7	**유명 인물의 전기, 일대기** - 주로 미국 근현대사와 관련된 인물의 일대기와 그의 업적에 대한 내용이 출제된다. - 내용으로는 언제 그리고 어디서 태어났으며, 유소년 시절과 청년시절, 그의 직업 및 업적과 활동, 그가 남긴 작품이나 역사적 고찰, 그리고 죽음 등이다.
Part 2	7	**잡지나 신문 기사** - 과학기술이나 의학기술 혹은 사회적인 변화나 이슈와 관련된 진보, 변화, 새로운 양상 그리고 그것의 전망 등에 관한 전문적 지식이나 정보를 소개하는 내용이 출제된다. - 특정한 연구 또는 조사를 하는데 수반되는 절차와 결과를 세부적으로 묻는 경우가 많다. - 본문에서 언급된 내용 혹은 언급되지 않은 내용 등에 대한 문항이 출제되므로 독해 영역 중 가장 어려운 파트이다.
Part 3	7	**백과사전의 문단** - 백과사전에서 찾아 볼 수 있는 동물, 식물, 건축물, 기기 등의 표제어에 대한 설명 지문이다. - 해당 주제에 대한 구체적이고 세부적인 사실(서식지, 유사한 동식물의 종류와 구분되어지는 특징, 건축물이나 기기의 특징과 역사적 배경 및 변화 등)이 주 내용을 이룬다.
Part 4	7	**상업 서신, 이메일** - 비즈니스와 관련된 상용편지나 개인적인 편지 글의 형식입니다. 어떤 제품이나 서비스 상품에 대해 소개하고 설명하면서 수신인으로 하여금 제품을 사거나 서비스를 선택하도록 설득하는 편지글, 어떠한 사회적 활동에 초대하는 글, 특정 일자리를 지원하는 편지글 등 내용은 다양하다.

2. 문항 유형별 문제풀이 전략

1) 일치 / 불일치 유형

지텔프 독해 중 압도적으로 많은 유형이다. 지문의 세부 사항(특정 정보)을 파악하여 지문에 직접적으로 언급된 사실들을 제대로 이해하고 있는지를 묻는 유형이다. 글에서 제공된 정보와 선택지의 일치와 불일치 여부를 묻는 유형이므로 각각의 문장에 대해 정확한 해석과 이해를 필요로 한다. 글에서 제시한 특정 정보나 인물에 대해 묻는 문제와 지문 전반에 걸친 내용과의 일치 여부를 묻는 문제 유형이 있다.

① 선택지와 지문 비교

여러 가지 구체적인 정보와 구체적인 사실들 그리고 비교적 지엽적인 세부 사항들까지도 꼼꼼하게 읽고 정확하게 비교, 대조해야 한다. 이 때는 반드시 지문에 진술된 사실을 바탕으로 이해해야 하는데, 특히 시간, 숫자, 고유명사 등에 각별히 주의해야 합니다. 또한 '오직, 결코, 항상, 모든, 단지 ~만' 등의 표현들이 있을 때에는 지문에 그렇게 서술되어 있는지를 반드시 꼼꼼히 확인해야 한다.

② 지문에 직접적으로 언급된 사실 정보에 집중

지문 속에 언급된 사실 자체에 초점을 맞추고 그것을 근거로 해서 답을 골라야 한다. 평소 자신의 배경지식이나 일반적인 상식, 사실 내용의 유추나 비약 등 주관적인 판단으로 문제를 풀어서는 안 된다. 그리고 지문 속에 사실로 언급된 내용들이 선택지에는 '유사어구'나 '동의어구' 혹은 '재진술' 형태로도 표현된다는 사실도 반드시 숙지한다.

③ 글의 중심 내용이 들어 있는 주제문이나 핵심 정보를 파악

주제문이나 핵심 정보를 찾는 것은 모든 유형의 독해 문제를 해결하는 바탕이 된다. 내용 일치 및 불일치 문제는 전체적인 숲보다는 그 안에 있는 나무를 봐야 하는 문제 유형으로 볼 수 있기 때문에, 자칫 글의 중심 내용을 파악하는데 소홀할 수 있다. 그러나 글의 주제와 핵심정보를 정확히 파악하면 내용 일치 및 불일치 유형의 문제해결에 꼭 필요한 글 전체의 전반적인 맥락과 전개과정을 파악하기가 훨씬 용이해진다.

2) 추론 유형

글 속에 있는 정보들의 관계를 파악하거나 직접적으로 명시되지 않고 생략된 내용을 추측하며 글을 읽고, 내용을 파악하는 것이 추론적 이해 능력이다. 추론적 이해는 있는 그대로를 받아들이는 사실적 이해보다 한 단계 높은 수준이다. 그러나 지텔프 독해 추론 문제는 사실 파악만으로도 쉽게 해결할 수 있는 경우가 대부분이다. 또한, 글에서 주목할 만한 정보에 대한 가정이나 전제, 필자의 관점이나 태도를 파악하는 사고 역시 추론적 사고에 포함된다. 출제자는 수험생이 필요로 하는 모든 정보를 제공해 주지는 않는다. 따라서 겉으로 드러난 정보를 근거로 드러나지 않은 정보를 추리해야 한다. 추론 문제에는 주로 probably, possibly, most likely 등의 장치가 포함되어 있다. 추론 유형의 문항을 해결할 때엔 지문의 중심 생각과 연관을 지어가며 세부 내용을 읽도록 연습하는 것이 중요하다. 주제를 보충해주는 문장들 속에 제시되는 정보들 간의 관계를 정확하게 이해함으로써 글의 의미를 자세하게 파악할 수 있다. 구체적

출제 경향 및 문제풀이 전략

으로 지문 속 특정 문장과 일치하는 선택지가 나오는 경우는 거의 없으므로, 글 어딘가에 선택지의 내용을 짐작하게 하는 단서가 주어지므로 그것을 찾아야 한다.

3) 동의어 유형

지텔프 독해의 각 파트에는 끝에 2 문제의 동의어 문제를 출제한다. 밑줄 친 단어의 문맥 속 의미를 묻는 문제 유형이다. 출제자는 수험자가 밑줄 친 단어를 모른다는 가정 하에 문맥 속에서 그 의미를 파악할 수 있는지를 평가하고자 하는 것이다. 따라서 뜻을 알지 못하는 단어가 출제 되었을 경우, 해당 단어의 앞 뒤 문맥을 천천히 살펴보는 것이 중요하다.

3. 독해 파트별 문제풀이 전략

1) Part 1

주인공이 사회에 일으킨 혹은 주인공의 특정한 활동으로 일어난 변화, 주인공과 관련된 주변인물 들과의 관계, 특정 기간 동안의 활동에 특히 주목해서 문제를 해결한다.

2) Part 2

파트 2는 제목 자체가 핵심 키워드를 담고 있는 경우가 많다. 즉 제목만으로도 여러 문제를 쉽게 해결할 수도 있으니 제목이 갖는 메시지에 특별히 주목해야 한다.

3) Part 3

말 그대로 백과사전에 나오는 표제어의 설명지문인 만큼 독해 전체 파트 중 생소한 단어들이 가장 많이 나오는 특징이 있는데, 그러한 단어들은 관계사, 대쉬, 동격 등의 장치를 통해 다시 부연설명 되므로 어려운 단어들이 나와도 앞 뒤 문맥을 통해 내용을 정확하게 이해하도록 훈련해야 한다.

4) Part 4

편지의 목적을 묻는 문제가 주로 첫 번째 문항이며 구체적으로 언급한 사건 혹은 내용에 대한 이유, 특정 기간, 금액, 제품 혹은 서비스를 구매하거나 활동에 참여하고 싶으면 향후 어떻게 해야 하는지를 묻는 질문이 출제된다. 편지 상단에 날짜와 함께 수신인이 주소와 직함, 회사 혹은 단체명과 함께 명시된다는 점에 유의한다.

좀 더 자세한 내용 및 수험정보 등은 당사 홈페이지(www.epasskorea.com) 참조

LEVEL 2 65점 학습전략

문법

- 지텔프 고득점을 위해서는 문법 문제를 틀림없이 모두 맞추는 것이 핵심 전략인데, 다른 파트에 비해 출제되는 범위가 정해져 있기 때문이다.
- 출제되는 파트의 내용을 정확하게 숙지하고, 암기사항이 있는 경우 반복해서 암기한다.
- 지텔프 문법은 출제 영역 마다 그 포인트를 암시하는 표현들이 있기 때문에 이것을 포착하는 연습을 꾸준히 해야 한다.
- 지텔프 문법은 출제 영역마다 답이 되는 보기와 답이 될 수 없는 보기가 나누어지는 경우가 많으니 이에 유의하여 보기를 소거해야 한다.

청취

- 지텔프 청취는 다른 영어 자격시험들에 비하여 난이도가 높은 편이기 때문에, 본인의 평소 실력이나 공부량을 고려하여 청취를 풀지 말지, 푼다면 어느 부분까지 풀지를 결정하는 것이 중요한 전략이다.
- 만약 본인이 어느 정도 청취에 익숙한 수험생이라면, 두 사람이 등장하여 대화형식으로 전개되는 Part 1, 3이 비교적 듣기가 수월하므로 이 두 파트를 공략하는 것이 좋다.

독해

- 지텔프 독해는 다른 영어 자격시험들과는 유형이 약간 다르다. 긴 지문이 네 개 등장하고, 지문당 7개의 문제가 배정되며, 이 중 두개는 동의어 문제이다.
- 지문의 순서와 문제 출제의 순서가 일치하기 때문에 지문을 전체적으로 읽고, 세부사항을 찾아가면서 순서대로 문제를 해결하는 것이 좋다.
- 추론 문제가 어려울 수 있다. 추론 문제를 정확하게 풀기 위해서는 어휘뿐만 아니라 간단한 구문 독해를 연습하는 것이 중요하다.

좀 더 자세한 내용 및 수험정보 등은 당사 홈페이지(www.epasskorea.com) 참조

차례

I 문법

Unit 1 시제 20

01 진행 시제	22
– 이론 익히기	22
– 연습 문제	24
02 완료 진행 시제	28
– 이론 익히기	28
– 연습 문제	30
UNIT 1. 시제 – EXERCISE	34
부록 – 동사의 3단 변화	37

Unit 2 가정법 41

01 가정법 과거	42
– 이론 익히기	42
– 연습 문제	44
02 가정법 과거완료	46
– 이론 익히기	46
– 연습 문제	48
03 혼합 가정법	50
– 이론 익히기	50
– 연습 문제	52
04 미래 가정법	54
– 이론 익히기	54

| 05 | IF 생략 도치 | 55 |

    – 이론 익히기   55

    – 연습 문제   56

UNIT 2. 가정법 – EXERCISE   58

Unit 3   주요명제 공식   60

    – 이론 익히기   60

    – 연습 문제   62

Unit 3. 주요명제 공식 – EXERCISE   64

Unit 4   부정사와 동명사 구분하기   66

01 부정사 또는 동명사를 목적어로 취하는 3형식 동사   66

    – 이론 익히기   66

    – 연습 문제   70

02 부정사를 목적격보어로 취하는 5형식 동사   74

    – 이론 익히기   74

    – 연습 문제   76

03 부정사의 형용사적 용법   78

    – 이론 익히기   78

04 부정사와 동명사의 관용 표현   78

    – 이론 익히기   78

    – 연습 문제   80

Unit 4. 부정사와 동명사 구분하기 – EXERCISE   84

차례

Unit 5　관계사　　87

- 01　관계대명사　　87
  - 이론 익히기　　87
  - 연습 문제　　90
- 02　관계 부사　　92
  - 이론 익히기　　92
  - 연습 문제　　94
- **Unit 5. 관계사 – EXERCISE**　　96

Unit 6　조동사　　99

- 이론 익히기　　99
- **Unit 6. 조동사 – EXERCISE**　　102

Unit 7　연결어　　106

- 01　전치사　　106
  - 이론 익히기　　106
- 02　종속 접속사　　107
  - 이론 익히기　　107
- 03　접속 부사　　108
  - 이론 익히기　　108
- **Unit 7. 연결어 – EXERCISE**　　110

Ⅱ 독해

Unit 1	Biographical Narrative	116
Unit 2	Magazine, Newspaper of Web article	124
Unit 3	Encyclopedia Article	132
Unit 4	Business or Formal Letter	140

Ⅲ 문법 모의고사

| Unit 1 | 문법 모의고사 1 회 | 150 |
| Unit 2 | 문법 모의고사 2 회 | 157 |

부록 정답 및 해설

Part 1	문법	166
Part 2	독해	186
Part 3	문법 모의고사	205

PART 1

문법

Unit 1. 시제
Unit 2. 가정법
Unit 3. 주요명제공식
Unit 4. 부정사와 동명사 구분하기
Unit 5. 관계사
Unit 6. 조동사
Unit 7. 연결어

Unit 1 시제

- 시제(Tense)는 동작이나 상태가 일어나는 시간을 나타내는 문법 요소이다. 영어에는 기본적으로 현재, 과거, 미래의 세 가지 시제가 있으며, 각각 단순, 진행, 완료, 완료진행 형태로 나뉜다. 현재시제는 일반적인 사실이나 습관을 표현하고, 과거시제는 과거의 사건을, 미래시제는 앞으로 일어날 일을 나타낸다. 진행형은 특정 시점에서 동작이 진행 중임을 강조하며, 완료형은 동작의 완료나 결과를 강조한다. 올바른 시제 사용은 문장의 의미를 정확하게 전달하는 데 필수적이다.
- 출제 문항 수 : 6문항

영어의 12시제

		현재	과거	미래
단순	명칭	단순현재 시제	단순과거 시제	단순미래 시제
	형태	동사원형 또는 ~(e)s	과거형	will 동사원형
	예시	walk 또는 walks take 또는 takes	walked took	walked taken
진행	명칭	현재진행 시제	과거진행 시제	미래진행 시제
	형태	am Ving is Ving are Ving	was Ving were Ving	will be Ving
	예시	am/is/are walking am/is/are taking	was/were walking was/were taken	will be walking will be taking

	명칭	현재완료 시제	과거완료 시제	미래완료 시제
완료	형태	have p.p has p.p	had p.p	will have p.p
	예시	have/has walked have/has taken	had walked had taken	will have walked will have taken
	명칭	현재완료진행 시제	과거완료진행 시제	미래완료진행 시제
진행	형태	have been Ving has been Ving	had been Ving	will have been Ving
	예시	have/has been walking have/has been taking	had been walking had been taking	will have been walking will have been taking

QUIZ

위 표를 참고하여 다음은 각각 어떤 시제들인지 말해 봅시다.

(1) are mediating
(2) indicated
(3) were driving
(4) am participating
(5) has dismissed
(6) will be preparing
(7) had been stressing
(8) suffers from
(9) was reading
(10) had been tasting
(11) will be joining
(12) have been stressing
(13) are charging
(14) had preferred
(15) have been causing
(16) has been hurting
(17) have argued
(18) is spreading
(19) will dislike
(20) will have been collecting

ANSER

(1) 현재진행시제
(2) 단순과거시제
(3) 과거진행시제
(4) 현재진행시제
(5) 현재완료시제
(6) 미래진행시제
(7) 과거완료진행시제
(8) 단순현재시제
(9) 과거진행시제
(10) 과거완료진행시제
(11) 미래진행시제
(12) 현재완료진행시제
(13) 현재진행시제
(14) 과거완료시제
(15) 현재완료시제
(16) 현재완료시제
(17) 현재완료시제
(18) 현재진행시제
(19) 단순미래시제
(20) 미래완료진행시제

1 진행시제

이론 익히기

진행 중인 동사의 동작을 표현하는 것으로 be동사의 시제에 따라 현재진행형(~하고 있다), 과거진행형(~하고 있었다), 미래진행형(~하고 있을 것이다)로 나뉜다.

(1) 현재 진행시제 : am, are, is + ~ing

> tip 문장에 now (지금), right now (지금 당장), currently (현재), at the moment (지금), these days (최근에), nowadays (요즘).. 등의 표현이 등장하면 현재 진행시제가 정답일 가능성이 높다.

1. She is watching a movie right now.
   → 그녀는 지금 영화를 보고 있다.

2. They are playing soccer in the park at the moment.
   → 그들은 공원에서 축구를 하고 있다.

3. Currently, I am studying for my exam at the moment.
   → 나는 지금 시험공부를 하고 있다.

(2) 과거 진행시제 : was, were + ~ing

> **tip** 문장에 yesterday (어제), ~ago (~전에), last ~ (지난 ~), in 년도 (~년에), when S+과거동사 (S가 과거동사 했을 때), while S+과거동사 (S가 과거동사 하는 동안에) 등의 표현이 쓰였다면, 과거 진행시제가 정답일 가능성이 높다.

예문

1. We were talking on the phone last night.
   → 어젯밤에 우리는 통화하고 있었다.

2. He was cooking dinner when I arrived.
   → 내가 도착했을 때, 그는 저녁을 요리하고 있었다.

3. She was reading a book while he was listening to music.
   → 그녀가 책을 읽고 있는 동안, 그는 음악을 듣고 있었다.

(3) 미래 진행시제 : will be + ~ing

> **tip** 문장에 tomorrow (내일), next ~ (다음 ~에), by 미래시점 (~쯤에), when S+현재동사 (S가 V할 때), by the time S+현재동사 (S가 V할 때 쯤) 등의 미래 표현이 쓰였다면, 미래 진행시제가 정답일 가능성이 높다.

예문

1. I will be traveling to Japan next week.
   → 나는 다음 주에 일본을 여행하고 있을 것이다.

2. They will be having a meeting at 3 p.m. tomorrow.
   → 그들은 내일 오후 3시에 회의를 하고 있을 것이다.

3. This time next year, she will be studying in college.
   → 내년 이맘때, 그녀는 대학에서 공부하고 있을 것이다.

4. At 8 p.m. tonight, we will be watching a concert.
   → 오늘 밤 8시에, 우리는 콘서트를 보고 있을 것이다.

5. I will be studying when you arrive.
   → 네가 도착할 때, 나는 공부하고 있을 것이다.

6. By the time the concert starts, we will be sitting in our seats.
   → 콘서트가 시작할 때쯤, 우리는 자리에 앉아 있을 것이다.

연습 문제

다음 밑줄 친 표현의 옳고 그름을 판단하시오.

01 They <u>will be building</u> a new shopping mall in our neighborhood these days.

02 She <u>will be working</u> at the office when we meet tomorrow.

03 They <u>were traveling</u> to Paris when their vacation starts.

04 By this time next year, I <u>will be living</u> in a new city.

05 By the time I arrived, they <u>will already be having</u> dinner.

06 I <u>will be learning</u> how to play the guitar these days.

07 If I had taken that job offer, I <u>would work</u> in New York now.

08 She <u>was constantly complaining</u> about her job nowadays, which annoys her coworkers.

09 They <u>will be having</u> such an intense discussion that they didn't notice the time passing.

10 My brother <u>is watching</u> a soccer match in the living room when I arrived home.

11 They <u>will be traveling</u> to Italy next month for vacation.

12 By the time you arrive, I <u>am waiting</u> for you at the station.

ANSWER

01 [정답] (X) are building
[해석] 그들은 우리 동네에 새로운 쇼핑몰을 짓고 있다.

02 [정답] O
[해석] 우리가 내일 만날 때, 그녀는 사무실에서 일하고 있을 것이다.

03 [정답] (X) will be travelling
[해석] 그들은 휴가가 시작될 때, 파리로 여행 가고 있을 것이다.

04 [정답] O
[해석] 내년 이맘때쯤, 나는 새로운 도시에서 살고 있을 것이다.

05 [정답] (X) were already having
[해석] 내가 도착했을 때, 그들은 이미 저녁을 먹고 있었다.

06 [정답] (X) am learning
[해석] 나는 요즘 기타 치는 법을 배우고 있다.

07 [정답] O
[해석] 아이들은 날씨가 좋아서 밖에서 놀고 있다.

08 [정답] (X) is constantly complaining
[해석] 그녀는 끊임없이 자신의 일에 대해 불평하고 있어서, 동료들을 짜증나게 한다.

09 [정답] (X) were having
[해석] 그들은 너무나도 열띤 토론을 하고 있어서, 시간이 지나가는 것도 눈치채지 못했다.

10 [정답] (X) was watching
[해석] 내가 집에 도착했을 때, 동생은 거실에서 축구 경기를 보고 있다.

11 [정답] O
[해석] 그들은 다음 달에 휴가로 이탈리아에 여행을 가고 있을 것이다.

12 [정답] (X) will be waiting
[해석] 네가 도착할 때쯤, 나는 역에서 너를 기다리고 있을 것이다.

연습 문제

13 At this exact moment yesterday, I am sitting by the beach, enjoying the sunset.

14 She is staying in London for the next three months as part of her internship.

15 I was reading a book when the phone rang.

16 They arc walking in the park when it suddenly started to rain.

17 She will be sleeping while her brother was playing video games.

18 I was working late tomorrow to finish the report.

19 He is always interrupting me when I try to explain something important.

20 She was studying at the library when I arrive.

21 When I saw them last night, they are discussing a highly confidential matter in hushed voices.

22 By the time the movie started, we were already seated in the theater.

ANSWER

13 [정답] (X) am sitting
[해석] 어제 정확히 이 시간에, 나는 해변에 앉아 석양을 감상하고 있었다.

14 [정답] (X) will be staying
[해석] 그녀는 인턴십의 일환으로 앞으로 석 달 동안 런던에 머물 것이다.

15 [정답] O
[해석] 전화가 울렸을 때, 나는 책을 읽고 있었다.

16 [정답] (X) were walking
[해석] 그들은 공원을 걷고 있었는데 갑자기 비가 내리기 시작했다.

17 [정답] (X) was sleeping
[해석] 그녀는 자고 있었고, 그녀의 남동생은 비디오 게임을 하고 있었다.

18 [정답] (X) will be
[해석] 나는 내일 보고서를 끝내기 위해 늦게까지 일하고 있을 것이다.

19 [정답] O
[해석] 나는 중요한 것을 설명하려 할 때마다, 그는 항상 끼어든다.

20 [정답] (X) will be studying
[해석] 내가 도착할 때, 그녀는 도서관에서 공부하고 있을 것이다.

21 [정답] (X) were discussing
[해석] 어젯밤 내가 그들을 보았을 때, 그들은 낮은 목소리로 극비 사항을 논의하고 있었다.

22 [정답] O
[해석] 영화가 시작했을 때, 우리는 이미 영화관에 앉아 있었다.

2 완료 진행 시제

이론 익히기

- 완료형 시제는 기간의 개념을 갖는다. 문장에서 표현하는 동작이나 상태가 과거에서 현재까지 이어졌다면 현재완료, 대과거에서 과거까지 이어졌다면 과거완료, 과거나 현재에서부터 미래까지 이어진다면 미래완료로 표현한다.
- 완료 진행시제는 완료시제에 진행시제를 합친 것으로, 완료시제에 지금도 지속중이라는 진행시제에 뉘앙스가 추가되는 것으로 이해한다.
- have동사의 시제에 따라 현재완료진행시제, 과거완료진행시제, 미래완료진행시제로 나눈다.

(1) 현재 완료 진행시제 : have, has been + ~ing

> tip 현재시제를 나타내는 단서에 '기간 개념'을 표현하는 for ~ (~동안), since ~ (~이후로 지금까지) 등의 표현이 추가된다면 현재완료 진행시제가 정답일 가능성이 높다.

1. I have been studying for two hours.
   → 나는 두 시간 동안 공부하고 있다.
2. She has been working at the company since 2015.
   → 그녀는 2015년부터 그 회사에서 일하고 있다.
3. I have been feeling better since I visited the doctor.
   → 나는 의사를 방문한 이후로 기분이 나아지고 있다.

(2) 과거 완료 진행시제 : had been + ~ing

> **tip** 과거시제를 나타내는 단서에 '기간 개념'을 표현하는 for ~ (~동안), since ~ (~이후로 지금까지) 등의 표현이 추가된다면 과거완료 진행시제가 정답일 가능성이 높다.

예문

1. By the time I arrived at the party, they had been dancing for hours.
   → 내가 파티에 도착했을 때, 그들은 몇 시간 동안 춤을 추고 있었다.

2. She had been studying all night when the power went out.
   → 전기가 나갔을 때, 그녀는 밤새 공부하고 있었다.

3. At 10 p.m. yesterday, they had been waiting for over an hour.
   → 어제 밤 10시에, 그들은 한 시간 넘게 기다리고 있었다.

(3) 미래 완료 진행시제 : will have been + ~ing

> **tip** 미래시제를 나타내는 단서에 '기간 개념'을 표현하는 for ~ (~동안), since ~ (~이후로 지금까지) 등의 표현이 추가된다면 미래완료 진행시제가 정답일 가능성이 높다.

예문

1. By next year, I will have been working at this company for 10 years.
   → 내년까지, 나는 이 회사에서 10년 동안 일하고 있을 것이다.

2. At this time next month, we will have been traveling for two weeks.
   → 다음 달 이맘때, 우리는 2주 동안 여행하고 있을 것이다.

3. By the time you arrive, she will have been studying for three hours.
   → 네가 도착할 때쯤, 그녀는 3시간 동안 공부하고 있을 것이다.

연습 문제

다음 밑줄 친 표현의 옳고 그름을 판단하시오.

01 We have been experimenting with new materials in the lab for the past two years.

02 By the time you come back, I had been waiting for you for over two hours.

03 She has been working tirelessly for days before she finally took a break.

04 He was training for the marathon for six months when he finally ran the race.

05 She is working at the hospital for over 10 years.

06 By the time the concert started, we will have been waiting in line for an hour.

07 By the end of this year, we will have been collaborating with our partners for a decade.

08 She has been working at the company for five years when she decided to leave.

09 I was working on this project for three days.

10 I will have been practicing piano for two hours when my teacher arrived.

11 By the time we got to the airport, they had been sitting there for two hours.

12 They have been arguing about the issue for hours before they reached a decision.

ANSWER

01 [정답] (X) are building
[해석] 그들은 우리 동네에 새로운 쇼핑몰을 짓고 있다.

02 [정답] O
[해석] 우리가 내일 만날 때, 그녀는 사무실에서 일하고 있을 것이다.

03 [정답] (X) will be travelling
[해석] 그들은 휴가가 시작될 때, 파리로 여행 가고 있을 것이다.

04 [정답] O
[해석] 내년 이맘때쯤, 나는 새로운 도시에서 살고 있을 것이다.

05 [정답] (X) were already having
[해석] 내가 도착했을 때, 그들은 이미 저녁을 먹고 있었다.

06 [정답] (X) am learning
[해석] 나는 요즘 기타 치는 법을 배우고 있다.

07 [정답] O
[해석] 아이들은 날씨가 좋아서 밖에서 놀고 있다.

08 [정답] (X) is constantly complaining
[해석] 그녀는 끊임없이 자신의 일에 대해 불평하고 있어서, 동료들을 짜증나게 한다.

09 [정답] (X) were having
[해석] 그들은 너무나도 열띤 토론을 하고 있어서, 시간이 지나가는 것도 눈치채지 못했다.

10 [정답] (X) was watching
[해석] 내가 집에 도착했을 때, 동생은 거실에서 축구 경기를 보고 있다.

11 [정답] O
[해석] 그들은 다음 달에 휴가로 이탈리아에 여행을 가고 있을 것이다.

12 [정답] (X) will be waiting
[해석] 네가 도착할 때쯤, 나는 역에서 너를 기다리고 있을 것이다.

연습 문제

13 She has been working hard since she joined the team.

14 By the time I arrived, they had been discussing the project for an hour.

15 She is reading the same book for weeks.

16 He has been teaching at the university for a long time before he retired.

17 By this time next year, I have been working here for five years.

18 They have been waiting for the bus since 7 a.m.

19 By next summer, they will be living in Paris for two years.

20 By next summer, we had been planning the event for almost two years.

21 I have been investigating the issue for months, but I still haven't found a solution.

ANSWER

13 [정답] O
[해석] 그녀는 팀에 합류한 이후로 열심히 일해왔다.

14 [정답] O
[해석] 내가 도착할 때쯤, 그들은 한 시간 동안 프로젝트에 대해 논의하고 있었다.

15 [정답] (X) has been reading
[해석] 그녀는 몇 주 동안 같은 책을 읽고 있다.

16 [정답] (X) had been teaching
[해석] 그는 은퇴하기 전에 많은 해 동안 대학에서 가르쳤다.

17 [정답] (X) will have been working
[해석] 내년 이맘때쯤, 나는 이곳에서 5년 동안 일하고 있을 것이다.

18 [정답] O
[해석] 그들은 오전 7시부터 버스를 기다리고 있다.

19 [정답] (X) will have been living
[해석] 내년 여름까지, 그들은 파리에서 2년 동안 살고 있을 것이다.

20 [정답] (X) will have been planning
[해석] 내년 여름까지, 우리는 거의 2년 동안 이 행사를 계획해 왔을 것이다.

21 [정답] O
[해석] 나는 몇 달 동안 그 문제를 조사해왔지만, 아직 해결책을 찾지 못했다.

EXERCISE

Unit 1. 시제

다음 빈칸에 적절한 것을 고르시오.

01 I _____ a shower when you phoned me.
Ⓐ took
Ⓑ will be taking
Ⓒ was taking
Ⓓ have taken

02 He _____ the dishes when he heard the guys yelling at each other.
Ⓐ does
Ⓑ has done
Ⓒ would do
Ⓓ was doing

03 The doorbell _____ right now.
Ⓐ is ringing
Ⓑ had been ringing
Ⓒ will ring
Ⓓ would have rung

04 Next year, we _____ in London for 10 years.
Ⓐ will have been living
Ⓑ will live
Ⓒ have lived
Ⓓ live

05 The price of oil, which _____ 60 dollars a barrel in 2019, has recently fallen sharply.
Ⓐ approaches
Ⓑ approaching
Ⓒ was approaching
Ⓓ has approached

06 Mary _____ about her neighbors again.
Ⓐ complain
Ⓑ complained
Ⓒ complains
Ⓓ is complaining

07 I _____ English for three years by the end of this year.
Ⓐ was studying
Ⓑ will have been studying
Ⓒ will have studied
Ⓓ studied

08 She _____ to music when I got home.
Ⓐ listened
Ⓑ has been listening
Ⓒ had listened
Ⓓ was listening

09 By the time mom arrives at the airport, I _____ for her with my brother.

Ⓐ will have been waiting
Ⓑ waited
Ⓒ am waiting
Ⓓ have waited

10 Mom _____ for lunch when Sera arrives home.

Ⓐ prepares
Ⓑ will be preparing
Ⓒ had been preparing
Ⓓ will prepare

11 Many social media stars _____ this method of advertising and selling goods on social media platforms to attract consumers since then.

Ⓐ used
Ⓑ are using
Ⓒ have been using
Ⓓ will use

12 An Interior Ministry official, speaking on condition of anonymity, said investigators _____ bank accounts of the detainees.

Ⓐ were checking
Ⓑ have checked
Ⓒ will be checking
Ⓓ checked

13 He _____ cars for over ten years in my area.

Ⓐ will sell
Ⓑ was selling
Ⓒ have sold
Ⓓ had been selling

14 I _____ along the street when I bumped into her.

Ⓐ could walk
Ⓑ have walked
Ⓒ will have been walking
Ⓓ was walking

15 He _____ a book for two hours when I entered the room.

Ⓐ had been reading
Ⓑ has read
Ⓒ is reading
Ⓓ was reading

16 He _____ since school days, but gave it up last year.

Ⓐ smoked
Ⓑ has been smoking
Ⓒ is smoking
Ⓓ had been smoking

17 He _____ as a consultant for 20 years.

Ⓐ has worked
Ⓑ has been working
Ⓒ works
Ⓓ is working

18 In contrast, we _____ everything we can to help households avoid the aftermath of recession.

Ⓐ do
Ⓑ are doing
Ⓒ have done
Ⓓ had done

19 She _____ my place by this time next year.

Ⓐ will take
Ⓑ has been taking
Ⓒ had taken
Ⓓ will be taking

부록 동사의 3단 변화

① A - A - A 형

동 사 원 형	과 거 형	과거분사형 (p.p)	뜻
burst	burst	burst	파열하다
cast	cast	cast	던지다
cost	cost	cost	비용이 들다
cut	cut	cut	자르다
hit	hit	hit	치다
hurt	hurt	hurt	상처를 입히다
let	let	let	시키다
put	put	put	놓다
set	set	set	두다
shed	shed	shed	흘리다
shut	shut	shut	닫다
spread	spread	spread	퍼지다
upset	upset	upset	뒤엎다
read	read	read	읽다

② A - B - A 형

동 사 원 형	과 거 형	과거분사형 (p.p)	뜻
become	became	become	~이 되다
come	came	come	오다
run	ran	run	달리다

③ A – B – B 형

동사원형	과 거 형	과거분사형 (p.p)	뜻
bend	bent	bent	구부리다
bring	brought	brought	가져오다
buy	bought	bought	사다
catch	caught	caught	잡다
creep	crept	crept	기다
deal	dealt	dealt	다루다
dig	dug	dug	파다
dwell	dwelt	dwelt	거주하다, 살다
feed	fed	fed	먹이를 주다
feel	felt	felt	느끼다
fight	fought	fought	싸우다
hear	heard	heard	듣다
hold	held	held	잡다, 손에 들다
keep	kept	kept	지키다
lead	led	led	이끌다
leave	left	left	떠나다
lend	lent	lent	빌려주다
lose	lost	lost	잃다
mean	meant	meant	의미하다
meet	met	met	만나다
pay	paid	paid	지불하다
say	said	said	말하다
seek	sought	sought	찾다, 구하다, 시도하다
sell	sold	sold	팔다

동사원형	과거형	과거분사형 (p.p)	뜻
shoot	shot	shot	쏘다
sleep	slept	slept	잠자다
spend	spent	spent	소비하다
stand	stood	stood	서다
stick	stuck	stuck	찌르다
strike	struck	struck	치다
sweep	swept	swept	청소하다
swing	swung	swung	흔들다
teach	taught	taught	가르치다
think	thought	thought	생각하다
weep	wept	wept	울다
win	won	won	이기다

④ A – B – C 형

동사원형	과거형	과거분사형 (p.p)	뜻
begin	began	begun	시작하다
bite	bit	bitten, bit	물다
blow	blew	blown	불다
break	broke	broken	부수다
choose	chose	chosen	고르다
draw	drew	drawn	끌다
drink	drank	drunk	마시다
drive	drove	driven	운전하다
eat	ate	eaten	먹다
fly	flew	flown	날다

동 사 원 형	과 거 형	과거분사형 (p.p)	뜻
forget	forgot	forgotten	잊다
freeze	froze	frozen	얼다
grow	grew	grown	성장하다
hide	hid	hidden	숨기다
know	knew	known	알다
ride	rode	ridden	타다
ring	rang	rung	울리다
rise	rose	risen	오르다
shake	shook	shaken	흔들다
show	showed	shown	보이다
sing	sang	sung	노래하다
sink	sank	sunk	가라앉다
speak	spoke	spoken	말하다
steal	stole	stolen	훔치다
strive	strove	striven	노력하다
swear	swore	sworn	맹세하다
swim	swam	swum	수영하다
tear	tore	torn	찢다
throw	threw	thrown	던지다
wear	wore	worn	입다
write	wrote	written	쓰다

Unit 2 가정법

■ 가정법 (Conditional Mood)은 현실과 다른 상황을 가정하거나, 가능성 있는 일이나 불가능한 일을 가정하는 문법이다. 가정법은 문장에서 다루는 시점에 따라 가정법 과거, 가정법 과거완료, 혼합가정법, 미래 가정법의 네 가지 형태로 나누어진다.
■ 출제 문항 수 : 6문항

가정법 공식 외우기

		if절	주절
가정법 과거		If + 주어 + 과거동사 ,	주어 + 조동사의 과거형 + 동사원형
		(지금) ~한다면	~할 텐데
가정법 과거완료		If + 주어 + had p.p ,	주어 + 조동사의 과거형 + have p.p
		(과거에) ~했었다면	~했을 텐데
혼합 가정법		If + 주어 + had p.p ,	주어 + 조동사의 과거형 + 동사원형
		(과거에) ~했었다면	(지금) ~할 텐데
미래 가정법	should 가정법	If + 주어 + should RV	주어 + 조동사의 현재형 + have p.p 주어 + 조동사의 과거형 + have p.p 명령문
		(미래에) ~한다면	~할 것이다
	were to 가정법	If + 주어 + were to V	주어 + 조동사의 과거형 + have p.p
		(미래에) ~한다면	~할 것이다

1 가정법 과거

이론 익히기

> **tip** - 가정법 과거는 현재사실과 반대되는 문장을 표현할 때 쓴다.
> - if절에 과거동사를 쓰는 경우 주어의 수에 상관없이 were만 가능하다.
> - 조동사의 과거형이란 would, should, could, might를 가리킨다.

	if절	주절
가정법 과거 (현재 사실의 반대)	If + 주어 + 과거동사 ,	주어 + 조동사의 과거형 + 동사원형
	(지금) ~한다면	~할 텐데

1. If I were a millionaire, I would travel around the world.
   → 내가 백만장자라면, 전 세계를 여행할 것이다.

2. If she had more time, she would learn another language.
   → 그녀에게 시간이 더 있다면, 또 다른 언어를 배울 것이다.

3. If he were taller, he could be a basketball player.
   → 그가 키가 더 크다면, 농구 선수가 될 수도 있을 것이다.

Memo

연습 문제

다음 밑줄 친 표현의 옳고 그름을 판단하시오.

01 If I <u>was</u> living in a warmer country, I wouldn't have to wear so many layers of clothing in winter.

02 If she <u>has spoken</u> Spanish fluently, she would be able to communicate better with her colleagues from Spain.

03 If we <u>had</u> a bigger house, we could invite more guests to stay over during the holidays.

04 If he <u>were</u> more confident, he would take on more challenging projects at work.

05 If I didn't have so much work to do, I <u>would have joined</u> you for dinner.

06 If they knew more about the market trends, they <u>could make</u> better decisions.

07 If my best friend lived closer, we <u>would have hung out</u> together every weekend.

08 If she didn't have a fear of heights, she <u>would have gone</u> skydiving with us next summer.

ANSWER

01 [정답] (X) were
[해석] 내가 더 따뜻한 나라에 살고 있다면, 겨울에 이렇게 옷을 여러 겹 껴입지 않아도 될 텐데.

02 [정답] (X) spoke
[해석] 그녀가 스페인어를 유창하게 말할 수 있다면, 스페인 출신 동료들과 더 원활하게 소통할 수 있을 텐데.

03 [정답] O
[해석] 우리가 더 큰 집을 가지고 있다면, 연휴 동안 더 많은 손님을 초대할 수 있을 텐데.

04 [정답] O
[해석] 그가 더 자신감이 있다면, 직장에서 더 도전적인 프로젝트를 맡을 텐데.

05 [정답] (X) would join
[해석] 내가 할 일이 그렇게 많지 않다면, 너와 함께 저녁을 먹을 텐데.

06 [정답] O
[해석] 그들이 시장 동향을 더 잘 알고 있다면, 더 나은 결정을 내릴 수 있을 텐데.

07 [정답] (X) would hang out
[해석] 내 가장 친한 친구가 가까이 산다면, 우리는 매주 주말마다 함께 놀 텐데.

08 [정답] (X) would go
[해석] 그녀가 고소공포증이 없다면, 다음 여름에 우리와 함께 스카이다이빙을 할 텐데.

2 가정법 과거완료

이론 익히기

> **tip** - 가정법 과거완료는 과거사실과 반대되는 문장을 표현할 때 쓴다.
> - 조동사의 과거형이란 would, should, could, might를 가리킨다.

	if절	주절
가정법 과거완료 (과거 사실의 반대)	If + 주어 + had p.p ,	주어 + 조동사의 과거형 + have p.p
	(과거에) ~했었다면	~할 텐데

예문

1. If I had studied harder, I would have passed the exam.
   → 내가 더 열심히 공부했더라면, 시험에 합격했을 텐데.

2. If she had left home earlier, she wouldn't have missed the train.
   → 그녀가 집을 더 일찍 나섰더라면, 기차를 놓치지 않았을 텐데.

3. If Eden had had enough money, he could have bought the jacket.
   → 만약 이든이 충분한 돈을 가지고 있었다면, 그는 그 자켓을 살 수 있었을 텐데.

Memo

연습 문제

다음 밑줄 친 표현의 옳고 그름을 판단하시오.

01 If I <u>woke</u> up earlier, I wouldn't have been late for the meeting.

02 If she <u>studied</u> abroad last year, she would have experienced different cultures.

03 If we <u>had saved</u> more money, we could have bought a bigger house.

04 If he <u>has followed</u> my advice, he wouldn't have made such a big mistake.

05 If they had checked the weather forecast, they <u>wouldn't go</u> hiking in the rain.

06 If you had apologized earlier, she <u>might have forgiven</u> you.

07 If I had taken that job offer, I <u>would work</u> in New York now.

08 If the doctor had arrived on time, the patient <u>could have survived</u>.

ANSWER

01 [정답] (X) had waken
[해석] 내가 더 일찍 일어났더라면, 회의에 늦지 않았을 텐데.

02 [정답] (X) had studied
[해석] 그녀가 작년에 유학을 갔더라면, 다양한 문화를 경험했을 텐데.

03 [정답] O
[해석] 우리가 돈을 더 저축했더라면, 더 큰 집을 살 수 있었을 텐데.

04 [정답] (X) had followed
[해석] 그가 내 조언을 따랐더라면, 그렇게 큰 실수를 하지 않았을 텐데.

05 [정답] (X) wouldn't have gone
[해석] 그들이 일기예보를 확인했더라면, 비 오는 날 하이킹을 가지 않았을 텐데.

06 [정답] O
[해석] 네가 더 일찍 사과했더라면, 그녀가 널 용서했을지도 몰라.

07 [정답] (X) would have worked
[해석] 내가 그 직장 제안을 받았더라면, 지금 뉴욕에서 일하고 있을 텐데.

08 [정답] O
[해석] 의사가 제때 도착했더라면, 환자가 살아남을 수도 있었을 텐데.

3 혼합 가정법

이론 익히기

tip
- 혼합 가정법은 과거의 가정이 현재의 결과에 영향을 미칠 때 사용한다.
- 혼합가정법은 주절의 내용이 과거가 아니라 현재임을 강조하기 위해, 주절에 today, now 등의 표현이 쓰인다.
- 조동사의 과거형이 would, should, could, might를 가리킨다.

	if절	주절
혼합 가정법	If + 주어 + had p.p ,	주어 + 조동사의 과거형 + 동사원형
	(과거에) ~했었다면	~할 텐데

1. If I had taken that job offer, I would be working in Paris now.
   → 내가 그 직장 제안을 받았더라면, 지금 파리에서 일하고 있을 텐데.

2. If she had studied harder in school, she would be a lawyer now.
   → 그녀가 학교에서 더 열심히 공부했더라면, 지금 변호사일 텐데.

Memo

연습 문제

다음 밑줄 친 표현의 옳고 그름을 판단하시오.

01 If they had won the championship last year, they <u>would be</u> more confident today.

02 If he had saved more money, he <u>wouldn't have struggled</u> financially now.

03 If we had moved to New York last year, we <u>would live</u> in a bigger house today.

04 If I had passed the audition, I <u>would have performed</u> on the stage now.

05 If she had saved enough money, she <u>would have traveled</u> around Europe today.

06 If they had prepared better, they <u>would get</u> a good score now.

07 If I had trained harder, I <u>would compete</u> in the national championship today.

ANSWER

01 [정답] O
[해석] 그들이 작년에 챔피언이 되었더라면, 지금 더 자신감이 있을 텐데.
[어휘] confident 자신감 있는

02 [정답] (X) wouldn't struggle
[해석] 그가 돈을 더 저축했더라면, 지금 경제적으로 어려움을 겪고 있지 않을 텐데.
[어휘] struggle 시달리다 financially 경제적으로

03 [정답] O
[해석] 우리가 작년에 뉴욕으로 이사했더라면, 지금 더 큰 집에 살고 있을 텐데.

04 [정답] (X) would perform
[해석] 내가 오디션에 합격했더라면, 지금 무대에서 공연하고 있을 텐데.
[어휘] perform 공연하다

05 [정답] (X) would travel
[해석] 그녀가 충분한 돈을 모았더라면, 지금 유럽을 여행하고 있을 텐데

06 [정답] O
[해석] 그들이 더 잘 준비했더라면, 지금 더 좋은 점수를 받았을 텐데.

07 [정답] O
[해석] 내가 더 열심히 훈련했더라면, 오늘 전국 대회에서 경쟁하고 있을 텐데.
[어휘] compete 경쟁하다

4. 미래 가정법

이론 익히기

> tip
> - 미래 가정법은 미래에 대한 내용을 가정하고자 할 때 쓴다.
> - should 가정법은 가능성이 있는 미래를 가정할 때 쓰고, 주절에 조동사의 현재형이나 과거형 뿐만 아니라 명령문도 쓸 수 있다.
> - were to 가정법은 가능성이 없는 미래를 가정할 때 쓴다.
> - 조동사의 현재형이란 will, shall, can, may, must를 가리킨다.
> - 조동사의 과거형이란 would, should, could, might를 가리킨다.

	if절	주절
should 가정법 (가능성이 있는 미래를 가정)	If + 주어 + should V	주어 + 조동사의 현재형 + 동사원형 주어 + 조동사의 과거형 + 동사원형 명령문
	(미래에) ~한다면	~할 것이다
were to 가정법 (가능성이 없는 미래를 가정)	If + 주어 + were to V	주어 + 조동사의 과거형 + RV
	(미래에) ~ 한다면	~할 것이다

예문

1. If you should need any help, please let me know.
   → 혹시라도 도움이 필요하면, 내게 알려줘.

2. If she should change her mind, we will have to adjust our plans.
   → 혹시라도 그녀가 마음을 바꾼다면, 우리는 계획을 조정해야 할 거야.

3. If anything should go wrong, call me immediately.
   → 혹시라도 무슨 일이 잘못되면, 즉시 나에게 전화해.

4. If I were to be born again, I would like to live as a scientist.
   → 내가 다시 태어난다면, 과학자로 살고 싶다.

5. If the sun were to rise in the west, it might signal a catastrophic event for humanity.
   → 해가 서쪽에서 뜬다면, 그것은 인류에게 재앙적인 사건을 알리는 신호일지도 모른다.

5 IF 생략 도치

이론 익히기

tip - 가정법에서 if절에 쓰인 동사가 were, had, should인 경우에 접속사 if는 생략될 수 있다.
- 이 때에 if절의 주어와 동사는 도치된다.

1. If I were a millionaire, I would travel around the world.
   = Were I a millionaire, I would travel around the world.
   → 내가 백만장자라면, 전 세계를 여행할 것이다.

2. If I had studied harder, I would have passed the exam.
   = Had I studied harder, I would have passed the exam.
   → 내가 더 열심히 공부했더라면, 시험에 합격했을 텐데.

3. If you should need any help, please let me know.
   = Should you need any help, please let me know.
   → 혹시라도 도움이 필요하면, 내게 알려줘.

4. If I were to be born again, I would like to live as a scientist.
   = Were I to be born again, I would like to live as a scientist.
   → 내가 다시 태어난다면, 과학자로 살고 싶다.

연습 문제

다음 밑줄 친 표현의 옳고 그름을 판단하시오.

01 Had I known about the party, I would have gone ther.

02 Were I in your position, I would have acted differently.

03 Had they arrived earlier, they could meet the manager.

04 Should she accept the offer, she would move to Paris.

05 Had I seen the movie, I might tell you about it.

06 Were he to apologize, I might have forgiven him.

07 Had you listened to my advice, you wouldn't be in trouble now.

08 Were they not so busy, they would have helped us with the project.

ANSWER

01 [정답] O
[해석] 내가 그 파티에 대해 알았더라면, 그곳에 갔을 텐데.

02 [정답] (X) would act
[해석] 내가 너의 입장이라면, 다르게 행동할 텐데.
[어휘] be in one's position ~의 입장이 되다

03 [정답] (X) could have met
[해석] 그들이 더 일찍 도착했더라면, 매니저를 만났을 수 있었을 텐데.

04 [정답] O
[해석] 그녀가 그 제안을 받아들인다면, 파리로 이사할 텐데.
[어휘] accept 받아들이다 offer 제안

05 [정답] (X) might have told
[해석] 내가 그 영화를 봤더라면, 너에게 그것에 대해 말했을 텐데.

06 [정답] (X) might forgive
[해석] 그가 사과한다면, 내가 그를 용서할지도 모른다.
[어휘] apologize 사과하다 forgive 용서하다

07 [정답] O
[해석] 네가 내 조언을 들었더라면, 지금 어려움에 처하지 않았을 텐데.

08 [정답] (X) would help
[해석] 그들이 그렇게 바쁘지 않다면, 우리를 도와줄 텐데.

EXERCISE

Unit 2. 가정법

다음 빈칸에 적절한 것을 고르시오.

01 If the weather _____ so good, I could have gone hiking.
Ⓐ is
Ⓑ were
Ⓒ has been
Ⓓ had been

02 We would go to the mall, if we _____ a car.
Ⓐ have
Ⓑ are having
Ⓒ had had
Ⓓ had

03 If she had had more time to rest, she _____ a lot better now.
Ⓐ is feeling
Ⓑ would feel
Ⓒ should feel
Ⓓ had felt

04 If I _____ hard, I would have become rich.
Ⓐ had worked
Ⓑ work
Ⓒ worked
Ⓓ have worked

05 If it were not for water, all living things _____.
Ⓐ might have disappeared
Ⓑ disappear
Ⓒ is disappearing
Ⓓ would disappear

06 He _____ crayons, if he had been nice to others.
Ⓐ borrowed
Ⓑ could have borrowed
Ⓒ have borrowed
Ⓓ had borrowed

07 If you had arrived ten minutes later, you _____ the last train.
Ⓐ were catching
Ⓑ will be catching
Ⓒ couldn't have caught
Ⓓ didn't catch

08 He would not behave like that if he _____ a Korean.
Ⓐ were
Ⓑ was
Ⓒ had been
Ⓓ is

09 If I had known his address three weeks ago, I would _____ some flowers to him.
Ⓐ send
Ⓑ have sent
Ⓒ had sent
Ⓓ am sending

10 If Kate _____ qualified enough, she would have adapted quickly to the new system.
Ⓐ were
Ⓑ had been
Ⓒ will be
Ⓓ is

11 If he _____ his job properly, he would not be criticized.
Ⓐ completing
Ⓑ has completed
Ⓒ completed
Ⓓ complete

12 I guess we might have got along with each other much better if he _____ the decency to apologize for what he messed up.
Ⓐ has
Ⓑ had
Ⓒ have had
Ⓓ had had

13 My team _____ the game, if there hadn't been his assist.
Ⓐ couldn't have won
Ⓑ shouldn't have won
Ⓒ are winning
Ⓓ had won

14 If the administration _____ more heavily in public transportation system, we might not have had any problem moving from a city to another.
Ⓐ invested
Ⓑ has been investing
Ⓒ had invested
Ⓓ would invested

15 The government _____ better to increase duty free allowance, which is excessively low now, if it wanted to boost consumption.
Ⓐ will be
Ⓑ is
Ⓒ would be
Ⓓ has been

Unit 3 주요명제 공식

이론 익히기

- 주절에 주장, 요구, 명령, 제안 등을 나타내는 동사나 필요성, 중요성, 타당성을 나타내는 형용사가 쓰이고 그 이후에 that절이 이어진다면, that절의 동사는 (should) 동사원형 형태로 써야 한다.
- 줄제 문항 수 : 3문항

당위의 의미를 가진 동사

advise 충고하다	suggest 제안하다	propose 제안하다	recommend 제안/추천하다
urge 촉구하다	demand 요구하다	ask 요청하다	require 요구하다
request 요구하다	insist 주장하다	move 주장하다	order 명령하다
command 명령하다			

당위의 의미를 가진 형용사

important 중요한	crucial 중요한	imperative 의무적인	vital 중요한, 필수적인
necessary 필요한	essential 필수적인	natural 당연한	urgent 긴급한

1. We demanded that he hold the event outdoors.
   → 우리는 그가 행사를 야외에서 열어야 한다고 요구했다.

2. She insisted that he be present at the meeting.
   → 그녀는 그가 회의에 참석해야 한다고 주장했다.

3. It is important that you arrive on time.
   → 네가 제시간에 도착하는 것이 중요하다.

4. It is essential that everyone follow the rules.
   → 모든 사람이 규칙을 따라야 하는 것이 필수적이다.

Memo

연습 문제

다음 밑줄 친 표현의 옳고 그름을 판단하시오.

01 I recommend she <u>takes</u> an umbrella.

02 It's vital that she <u>has completed</u> the project by tomorrow.

03 They demanded that he <u>apologize</u> for his mistake.

04 It was suggested that he <u>changed</u> his approach.

05 It is recommended that she <u>take</u> a rest after the surgery.

06 They asked that we <u>had arrived</u> earlier for the event.

07 It is necessary that you <u>follow</u> the instructions carefully.

08 The teacher asked that the students <u>submit</u> their essays by Friday.

09 It is important that he <u>is</u> informed of the changes.

10 The doctor recommended that he <u>avoid</u> fatty foods.

11 They urged that the project <u>be</u> finished by the end of the month.

ANSWER

01 [정답] (X) take
   [해석] 나는 그들이 우산을 가져가야한다고 제안했다.

02 [정답] (X) complete
   [해석] 그녀가 내일까지 프로젝트를 완료하는 것이 매우 중요하다.

03 [정답] O
   [해석] 그들은 그가 실수에 대해 사과하길 요구했다.

04 [정답] (X) change
   [해석] 그가 접근 방식을 바꿔야 한다고 제안되었다.

05 [정답] O
   [해석] 그녀는 수술 후 휴식을 취하는 것이 추천된다.

06 [정답] (X) arrive
   [해석] 그들은 우리가 행사에 더 일찍 도착할 것을 요청했다.

07 [정답] O
   [해석] 네가 지침을 주의 깊게 따르는 것이 필요하다.

08 [정답] O
   [해석] 선생님은 학생들이 금요일까지 에세이를 제출할 것을 요청했다.

09 [정답] (X) be
   [해석] 그가 변화에 대해 아는 것이 중요하다.

10 [정답] O
   [해석] 의사는 그가 기름진 음식을 피하라고 추천했다.

11 [정답] O
   [해석] 그들은 프로젝트가 이 달 말까지 끝나야 한다고 촉구했다.

EXERCISE

Unit 3. 주요명제 공식

다음 빈칸에 적절한 것을 고르시오.

01 I advised that Jane _____ weight for her health.
Ⓐ loses
Ⓑ is losing
Ⓒ lost
Ⓓ lose

02 The doctor suggested that I _____ a walk everyday.
Ⓐ take
Ⓑ taking
Ⓒ took
Ⓓ will take

03 The situation required that the president of the company _____ present at the meeting.
Ⓐ be
Ⓑ will be
Ⓒ is
Ⓓ has been

04 It is necessary that she _____ kept under discipline.
Ⓐ has been
Ⓑ to be
Ⓒ be
Ⓓ was

05 They insists that same-sex marriage _____ constitutional.
Ⓐ might have been
Ⓑ be
Ⓒ had been
Ⓓ was

06 It is natural that the soldiers _____ from battle.
Ⓐ not retreats
Ⓑ not retreating
Ⓒ not retreat
Ⓓ not retreated

07 It is essential that the institution _____ more care of our historic buildings.
Ⓐ has taken
Ⓑ takes
Ⓒ is taking
Ⓓ take

08 He proposes that the accountant _____ a record of whole expenses.
Ⓐ keep
Ⓑ keeps
Ⓒ kept
Ⓓ has taken

09 The manager require that every resident _____ people of different colors.

Ⓐ not despised
Ⓑ not despises
Ⓒ not despise
Ⓓ not despising

10 It is important that his subordinate _____ the reservation before Monday.

Ⓐ has been confirming
Ⓑ is confirming
Ⓒ confirm
Ⓓ had confirmed

11 Jason recommend that her son _____ some medicine for nausea before boarding the plane.

Ⓐ was taking
Ⓑ has been taking
Ⓒ will be taking
Ⓓ take

12 We requested that tax payers' money _____ spent encouraging children to participate in healthier activities.

Ⓐ be
Ⓑ was being
Ⓒ had been
Ⓓ may have been

13 Workers asked the ladder _____ equipped with non-skid safety feet and be placed on a firm, level surface.

Ⓐ was
Ⓑ be
Ⓒ is
Ⓓ has been

14 It is imperative that the penalties for IPR(Intellectual Property Rights) infringement _____ heavier.

Ⓐ is getting
Ⓑ get
Ⓒ has got
Ⓓ has been getting

15 The committee demand that school _____ healthy mental growth and aid in the development of strong personal character.

Ⓐ promotes
Ⓑ promoted
Ⓒ promote
Ⓓ has been promoting

Unit 4 부정사와 동명사 구분하기

- 부정사란 'to 동사원형'의 형태로, 영어 문장 속에서 명사, 형용사, 부사로서 역할 할 수 있다.
  - 명사 역할 : 주어자리, 목적어자리, 보어자리에 쓰일 수 있음
  - 형용사 역할 : 뒤에서 명사를 수식 가능함
  - 부사 역할 : '~하기 위해', '~해서' 등으로 해석됨
- 동명사란 '동사원형ing'의 형태로, 영어 문장 속에서 명사역할을 할 수 있다.
  - 명사 역할 : 주어자리, 목적어자리, 보어자리에 쓰일 수 있음
- 지텔프 시험의 문법편에서는 부정사와 동명사의 명사적 역할과 관용표현에 중점을 두고 문제를 출제하니, 해당되는 내용을 철저하게 암기하는 것이 중요하다.
- 출제 문항 수 : 5문항

1 부정사 또는 동명사를 목적어로 취하는 3형식 동사

이론 익히기

> **tip** 어떤 3형식 동사는 부정사만을 목적어로 취하고, 어떤 3형식 동사는 동명사만을 목적어로 취하므로 구분하여 암기한다.

(1) 부정사를 목적어로 취하는 3형식 동사

① afford to   V   ~ 할 여유가 있다
② agree to   V   ~ 하는 것에 동의하다
③ attempt to   V   ~ 하는 것을 시도하다
④ decide to   V   ~ 하기로 결정/결심하다
⑤ deserve to   V   ~ 할 자격이 있다
⑥ determine to   V   ~할 결심 하다
⑦ expect to   V   ~ 를 기대/예상하다

⑧	fail to	V	~에 실패하다
⑨	hesitate to	V	~하는 것을 주저하다
⑩	hope to	V	~하기를 원하다
⑪	intend to	V	~할 의도이다
⑫	learn to	V	~하는 것을 배우다
⑬	manage to	V	가까스로 ~하다
⑭	need to	V	~할 필요가 있다
⑮	offer to	V	~할 것을 제안하다
⑯	promise to	V	~하기로 약속하다
⑰	pretend to	V	~하는 척 하다
⑱	plan to	V	~하려는 계획을 세우다
⑲	refuse to	V	~할 것을 거부하다
⑳	seek to	V	~하기 위해 노력하다
㉑	tend to	V	~하는 경향이 있다
㉒	want to	V	~하기를 원하다
㉓	wish to	V	~하기를 원하다

(2) 동명사를 목적어로 취하는 3형식 동사

①	admit	Ving	~를 인정하다
②	appreciate	Ving	~를 감사하다
③	avoid	Ving	~를 피하다
④	abandon	Ving	~를 포기하다
⑤	anticipate	Ving	~를 기대하다, 예상하다
⑥	appreciate	Ving	~를 감사하다
⑦	consider	Ving	~를 고민하다
⑧	deny	Ving	~를 부인하다
⑨	dislike	Ving	~를 싫어하다
⑩	enjoy	Ving	~를 즐거워하다
⑪	experience	Ving	~를 경험하다
⑫	finish	Ving	~를 끝내다, 마치다
⑬	give up	Ving	~를 포기하다

⑭ imagine	Ving	~를 상상하다
⑮ include	Ving	~를 포함하다
⑯ keep	Ving	~를 계속하다
⑰ mind	Ving	~를 꺼리다
⑱ practice	Ving	~를 연습하다
⑲ prohibit	Ving	~를 금지하다
⑳ postpone	Ving	~를 미루다
㉑ recall	Ving	~를 생각해내다
㉒ resist	Ving	~를 거부하다
㉓ risk	Ving	~할 위험을 무릅쓰다
㉔ suggest	Ving	~를 제안하다
㉕ tolerate	Ving	~를 참다

예문

1. She decided to move to another city.
   → 그녀는 다른 도시로 이사하기로 결정했다.

2. He hopes to get a promotion soon.
   → 그는 곧 승진하기를 희망한다.

3. I enjoy reading mystery novels.
   → 나는 추리 소설을 읽는 것을 즐긴다.

4. He avoided talking about his past.
   → 그는 자신의 과거에 대해 이야기하는 것을 피했다.

Memo

연습 문제

다음 밑줄 친 표현의 옳고 그름을 판단하시오.

01 I want (to learn / learning) how to play the piano.

02 She suggested (to go / going) to the beach this weekend.

03 She admitted (to steal / stealing) the money.

04 They agreed (to help / helping) us with the project.

05 They considered (to move / moving) to another country.

06 We need (to find / finding) a solution quickly.

07 It is necessary that you follow the instructions carefully.

08 She promised (to call / calling) me back later.

09 I finished (to write / writing) my report last night.

10 He kept (to complain / complaining) about the noise.

11 He admitted (to forget / forgetting) her birthday.

12 They disliked (to open / opening) a new branch in another city.

ANSWER

01 [정답] to learn
[해석] 나는 피아노 치는 법을 배우고 싶다.

02 [정답] going
[해석] 그녀는 이번 주말에 해변에 가자고 제안했다.

03 [정답] stealing
[해석] 그녀는 돈을 훔친 것을 인정했다.

04 [정답] to help
[해석] 그들은 우리 프로젝트를 돕기로 동의했다.

05 [정답] moving
[해석] 그들은 다른 나라로 이사하는 것을 고려했다.

06 [정답] to apologize
[해석] 그는 자신의 실수에 대해 사과하는 것을 거부했다.

07 [정답] to find
[해석] 우리는 빨리 해결책을 찾아야 한다.

08 [정답] to call
[해석] 그녀는 나중에 다시 전화하겠다고 약속했다.

09 [정답] writing
[해석] 나는 어젯밤에 보고서 작성하는 것을 끝냈다.

10 [정답] complaining
[해석] 그는 계속해서 소음에 대해 불평했다.

11 [정답] forgetting
[해석] 그는 그녀의 생일을 잊은 것을 인정했다.

12 [정답] opening
[해석] 그들은 다른 도시에 새로운 지점을 여는 것을 싫어했다.

연습 문제

13 She plans (to visit / visiting) her grandmother next weekend.

14 He tends (to get / getting) nervous before presentations.

15 She enjoys (to paint / painting) landscapes in her free time.

16 We hope (to travel / traveling) abroad next year.

17 He denied (to break / breaking) the window.

18 They postponed (to make / making) a decision until next week.

19 I managed (to finish / finishing) the project on time.

20 She risked (to lose / losing) her job by speaking out.

21 They failed (to complete / completing) the task before the deadline.

ANSWER

13 [정답] to visit
[해석] 그녀는 다음 주말에 할머니를 방문할 계획이다.

14 [정답] to get
[해석] 그는 발표 전에 긴장하는 경향이 있다.

15 [정답] to paint
[해석] 그녀는 여가 시간에 풍경화를 그리는 것을 즐긴다.

16 [정답] to travel
[해석] 우리는 내년에 해외여행을 가기를 희망한다.

17 [정답] breaking
[해석] 그는 창문을 깬 것을 부인했다.

18 [정답] making
[해석] 그들은 결정을 다음 주까지 미루었다.

19 [정답] to finish
[해석] 나는 겨우 프로젝트를 제시간에 끝내는 데 성공했다.

20 [정답] losing
[해석] 그녀는 발언함으로써 직장을 잃을 위험을 감수했다.

21 [정답] to complete
[해석] 그들은 마감 기한 전에 작업을 완료하는 데 실패했다.

2. 부정사를 목적격보어로 취하는 5형식 동사

이론 익히기

> **tip** 일반 5형식 동사는 목적격보어 자리에 부정사만 쓸 수 있으므로, 여기에 해당되는 동사를 암기해야 한다.

부정사를 목적격보어로 취하는 5형식 동사

① advise   A to V   A가 V하도록 충고하다
② allow   A to V   A가 V하도록 허락하다
③ ask   A to V   A가 V하도록 요청하다
④ cause   A to V   A가 V하도록 유발하다
⑤ expect   A to V   A가 V하도록 예상하다
⑥ encourage   A to V   A가 V하도록 부추기다
⑦ enable   A to V   A가 V하도록 만들다
⑧ force   A to V   A가 V하도록 강요하다
⑨ get   A to V   A가 V하도록 만들다
⑩ order   A to V   A가 V하도록 명령하다
⑪ persuade   A to V   A가 V하도록 설득하다
⑫ permit   A to V   A가 V하도록 허락하다
⑬ request   A to V   A가 V하도록 요청/요구하다
⑭ require   A to V   A가 V하도록 요청/요구하다
⑮ tell   A to V   A가 V하도록 시키다

1. He asked me to help him finish his project.
   → 그는 그의 프로젝트를 끝내도록 도와달라고 나에게 요청했다.

2. The teacher advised us to study harder.
   → 선생님은 더 열심히 공부하라고 조언하셨다.

3. I want him to succeed in his new business despite the challenges.
   → 나는 그가 어려움에도 불구하고 그의 새로운 사업에서 성공하기를 원한다.

4. She told me to wait outside the building until the meeting was over.
   → 그녀는 나에게 회의가 끝날 때까지 건물 밖에서 기다리라고 말했다.

5. They expected her to win the international competition because she had practiced so hard.
   → 그들은 그녀가 그렇게 열심히 연습했기 때문에 국제 대회에서 우승할 것이라고 기대했다

연습 문제

다음 밑줄 친 표현의 옳고 그름을 판단하시오.

01 I want him to succeed in his career.

02 She told me to being quiet during the meeting.

03 They asked us helping them with the project.

04 The teacher encouraged the students to participate in the debate.

05 We expect the new policy improve the economy.

06 His parents allowed him to stay out late on weekends.

07 The company requires all employees to wearing an ID badge.

08 The judge ordered the suspect to remain in custody.

09 The medication enabled her recovering quickly.

10 His joke caused everyone to laugh.

11 The professor forced the students to read the assigned chapters.

12 The security guard permitted the visitors entering the building.

13 My parents taught me to respecting others.

ANSWER

01 [정답] O
[해석] 나는 그가 그의 직업에서 성공하기를 원한다.

02 [정답] (X) to be
[해석] 그녀는 나에게 회의 중에 조용히 하라고 말했다.

03 [정답] (X) to help
[해석] 그들은 우리가 그들의 프로젝트를 돕기를 요청했다.

04 [정답] O
[해석] 선생님은 학생들이 토론에 참여하도록 격려했다.

05 [정답] (X) to improve
[해석] 우리는 새로운 정책이 경제를 개선할 것으로 기대한다.

06 [정답] O
[해석] 그의 부모님은 그가 주말에 늦게까지 밖에 있도록 허락했다.

07 [정답] (X) to wear
[해석] 그 회사는 모든 직원들이 신분증 배지를 착용하도록 요구한다.

08 [정답] O
[해석] 판사는 용의자가 구금 상태를 유지하도록 명령했다.

09 [정답] (X) to recover
[해석] 그 약은 그녀가 빠르게 회복하도록 도왔다.

10 [정답] O
[해석] 그의 농담은 모두를 웃게 만들었다.

11 [정답] O
[해석] 교수님은 학생들에게 지정된 장을 읽으라고 지시했다.

12 [정답] (X) to enter
[해석] 경비원은 방문객들이 건물에 들어가는 것을 허락했다.

13 [정답] (X) to respect
[해석] 부모님은 나에게 다른 사람들을 존중하는 법을 가르쳐 주셨다.

3. 부정사의 형용사적 용법

이론 익히기

> tip 부정사는 명사 뒤에 놓여서 앞의 명사를 꾸며줄 수 있다. 부정사의 수식을 특히 잘 받는 명사의 종류를 외워두자.

① way   to V   V할 수 있는 방법
② ability   to V   V하는 능력
③ possibility to V   V하는 가능성
④ chance   to V   V할 기회, 가능성
⑤ decision   to V   V하겠다는 결정, 판단
⑥ failure   to V   V하지 못한 것
⑦ plan   to V   V하겠다는 계획

1. She is looking for a way to solve this problem efficiently.
   → 그녀는 이 문제를 효율적으로 해결할 방법을 찾고 있다.

2. His ability to speak four languages impressed everyone.
   → 그가 네 개의 언어를 구사하는 능력은 모두를 감명 받게 했다.

3. There is a possibility to improve the system with new technology.
   → 새로운 기술로 시스템을 개선할 가능성이 있다.

4. He finally got a chance to meet his favorite author in person.
   → 그는 마침내 그가 가장 좋아하는 작가를 직접 만날 기회를 얻었다.

4. 부정사와 동명사의 관용 표현

이론 익히기

> tip 다음은 부정사 또는 동명사가 포함된 관용표현이다. 부정사 자리에는 동명사를 쓸 수 없고, 동명사 자리에는 부정사를 쓸 수 없음에 유의하여 암기한다.

(1) 부정사 관용표현

① be about to V   막 ~하려하다, ~하기 직전이다
② be able to V   ~할 수 있다
③ be likely to V   ~할 가능성이 높다, ~하는 경향이 있다
④ be willing to V   기꺼이 ~하다
⑤ be reluctant to V   ~하는 것을 꺼리다
⑥ have no choice but to V   ~하지 않을 수 없다
⑦ make sure to V   확실히 ~하다

(2) 동명사 관용표현

① be busy Ving   ~하느라 바쁘다
② cannot help Ving   ~하지 않을 수 없다
③ feel like Ving   ~하고 싶다
④ It's no use Ving   ~해도 소용없다
⑤ be worth Ving   ~할 가치가 있다'
⑥ spend 시간/돈/노력 Ving   ~하느라 시간/돈/노력을 쓰다
⑦ have difficulty (=trouble, a hard time) Ving   ~하는데 어려움을 겪다
⑧ look forward to Ving   ~를 기대하다
⑨ go Ving   ~ 하러 가다

예문

1. He is able to solve even the most difficult problems.
   → 그는 가장 어려운 문제조차도 풀 수 있다.

2. Please make sure to turn off the lights before leaving.
   → 그녀는 하루 종일 발표 준비하느라 바빴다.

3. This movie is worth watching twice.
   → 이 영화는 두 번 볼 가치가 있다.

4. She was busy preparing for the presentation all day.
   → 그녀는 하루 종일 발표 준비하느라 바빴다.

연습 문제

다음 밑줄 친 표현의 옳고 그름을 판단하시오.

01   She was willing (to help / helping) me with my assignment.

02   She is busy (to prepare / preparing) for her final exams.

03   Please make sure (to lock / locking) the door before leaving.

04   I couldn't help (to laugh / laughing) at his joke.

05   I feel like (to eat / eating) something sweet.

06   He was reluctant (to share / sharing) his personal information.

07   We had no choice but (to accept / accepting) the offer.

08   It's no use (to argue / arguing) with him.

09   This book is worth (to read / reading) at least once.

10   He is able (to solve / solving) complex math problems quickly.

11   I'm looking forward (to meet / to meeting) you soon.

12   They went (to hike / hiking) in the mountains last weekend.

ANSWER

01 [정답] to help
[해석] 그녀는 기꺼이 내 과제를 도와주었다.

02 [정답] preparing
[해석] 그녀는 기말시험을 준비하느라 바쁘다.

03 [정답] to lock
[해석] 나가기 전에 반드시 문을 잠그세요.

04 [정답] aughing
[해석] 나는 그의 농담에 웃지 않을 수 없었다.

05 [정답] eating
[해석] 나는 달콤한 것이 먹고 싶다.

06 [정답] to share
[해석] 그는 자신의 개인 정보를 공유하는 것을 꺼렸다.

07 [정답] to accept
[해석] 우리는 그 제안을 받아들일 수밖에 없었다.

08 [정답] arguing
[해석] 그와 말다툼해 봐야 소용없다.

09 [정답] reading
[해석] 이 책은 최소한 한 번은 읽을 가치가 있다.

10 [정답] to solve
[해석] 그는 복잡한 수학 문제를 빠르게 풀 수 있다.

11 [정답] to meeting
[해석] 나는 곧 당신을 만나기를 기대하고 있다.

12 [정답] hiking
[해석] 그들은 지난 주말에 산으로 하이킹을 갔다.

연습 문제

13 She was about (<u>to leave</u> / leaving) when he called her.

14 She spent three hours (to practice / <u>practicing</u>) the piano.

15 He had difficulty (to understand / <u>understanding</u>) the instructions.

16 It is likely (<u>to rain</u> / raining) this evening, so bring an umbrella.

ANSWER

13 [정답] to leave
[해석] 그녀는 그가 전화를 걸었을 때 막 떠나려던 참이었다.

14 [정답] practicing
[해석] 그녀는 피아노 연습을 하느라 두 시간을 보냈다.

15 [정답] understanding
[해석] 그는 지시사항을 이해하는 데 어려움을 겪었다.

16 [정답] to rain
[해석] 오늘 저녁에 비가 올 가능성이 높으니 우산을 가져가세요.

EXERCISE

Unit 4. 부정사와 동명사 구분하기

다음 중 올바른 것을 고르시오.

01 The ferry is expected (to arrive / arriving) at 6.

02 He doesn't mind (to work / working) at night.

03 He had difficulty (to find / finding) her office.

04 (To surf / Surfing) the Internet is very interesting.

05 I agreed (to calmly discuss / calmly discussing) the matter.

06 He moved to the Buffaloes after (to spend / spending) five seasons with the Yomiuri Giants in NPB.

07 He encouraged me (to join / joining) the family softball games.

08 Failure (to comply with / complying with) the regulations will result in prosecution.

09 They had difficulty (to figure out / figuring out) who the criminal was.

10 It is reported that teenagers spend too much time (to play / playing) computer games.

11 I told my kids not (to worry / worrying) about the future but to prepare for it.

12 I hesitated (to believe / believing) what I had heard for a moment.

13 Computers, far from (to destroy / destroying) jobs, can create employment.

14 I listen to some music before (to get up / getting up) every morning.

15 This article is worth (to read / reading) repeatedly.

16 I gave up (to see / seeing) him again.

17. I enjoyed (to play / playing) soccer last summer.

18. She said that (to pass / passing) the exam gave her a real lift.

19. He forced the rebel soldiers (to surrender / surrendering).

20. I can't play baseball at all, but am very fond of (to watch / watching) games.

21. He asked them (to have / having) a polite attitude.

22. (To make / Making) a timely decision is not easy.

23. In the drama, she plays Shin Yun-bok, a gifted artist who pretends (to be / being) a man.

24. She made an effort (to control / controling) her anger.

25. My boss doesn't care employees' clothes, so I tend (to wear / wearing) casually.

26. I can get him (to accept / accepting) what you offered.

27. North Korea admitted (to have / having) a uranium program.

28. He may do so if he wants (to go / going) home.

29. He is busy (to play / playing) computer games.

30. He is considering (to take / taking) legal actions against the hospital.

31. I decided (to be / being) an English teacher when in high school.

32. We hope (to boost / boosting) renewable energy to 20 percent of total power production by the end of 2030.

33. The decision (to use / using) one or other of the insulin rests with the physician in consultation with the patient.

34. The lawyers sought (to examine / examining) the books of the defunct corporation.

35 He has the desire and work ethic that has allowed him (to improve / improving) continually from season to season.

36 The best way (to prevent / preventing) tax avoidance and evasion is to have fewer taxes to avoid and evade.

Unit 5 관계사

- 관계사는 관계대명사와 관계부사를 통칭하는 것으로, 이하에 문장을 이끌어서 앞에 있는 명사(선행사)를 수식해주는 기능을 한다.
- 출제 문항 수 : 2문항

1 관계대명사

이론 익히기

- 관계대명사는 이하에 주어 또는 목적어가 빠진 불완전한 문장이 쓰인다.
- 관계대명사 뒤에 오는 문장이 주어가 빠진 불완전한 문장이라면 주격 관계대명사(who, which, that), 목적어가 빠진 불완전한 문장이라면 목적격 관계대명사(whom, which, that)라고 부른다. 주격/목적격 관계대명사 중 어떤 것을 쓸지는 선행사를 보고 결정한다.
- whose는 소유격 관계대명사이다.

선행사	관계대명사	
사람	who	주어가 빠진 불완전한 문장
사람	whom	목적어 빠진 불완전한 문장
사람, 사물	whose	완전한 문장
사물	which	불완전한 문장
사람, 사물	that	불완전한 문장
X	what	불완전한 문장

(1) 주격 관계대명사

- 뒷 문장이 주어가 빠진 불완전한 문장이면서 선행사가 사람이라면 who 또는 that
- 뒷 문장이 주어가 빠진 불완전한 문장이면서 선행사가 사물이라면 which 또는 that
- 관계대명사 that은 콤마 뒤에 쓸 수 없다.

1. The woman who (=that) lives next door is a doctor.
   → 옆집에 사는 여자는 의사이다.

2. The boy who (=that) won the competition is my cousin.
   → 대회에서 우승한 소년은 내 사촌이다.

3. The book which (=that) is on the table is mine.
   → 테이블 위에 있는 책은 내 것이다.

4. The car, which is parked in front of the house, belongs to my brother.
   → 집 앞에 주차된 차는 내 동생의 것이다.

(2) 목적격 관계대명사

- 뒷 문장이 목적어가 빠진 불완전한 문장이면서 선행사가 사람이라면 whom 또는 that
- 뒷 문장이 목적어가 빠진 불완전한 문장이면서 선행사가 사물이라면 which 또는 that
- 관계대명사 that은 콤마 뒤에 쓸 수 없다.

1. The person whom (=that) I met at the conference is a famous scientist.
   → 내가 회의에서 만난 사람은 유명한 과학자이다.

2. The director is the person whom (=that) I admire the most.
   → 저 감독은 내가 가장 존경하는 사람이다.

3. The movie which (=that) we watched last night was amazing.
   → 우리가 어젯밤에 본 영화는 놀라웠다.

4. The book which (=that) I borrowed from the library is due tomorrow.
   → 내가 도서관에서 빌린 책은 내일 반납 기한이다.

5. The cake, that she baked for the party, was delicious. (X)
   → 그녀가 파티를 위해 구운 케이크는 맛있었다.

(3) 소유격 관계대명사 whose

> **tip** whose 뒤에는 대명사가 쓰일 수 없다.

1. This is the man whose car was stolen.
   → 이 사람은 그의 차가 도난당한 남자이다.

2. She is the author whose book won the award.
   → 그녀는 책이 상을 받은 저자이다.

3. The house whose roof was damaged is being repaired.
   → 지붕이 손상된 집은 수리 중이다.

4. I can't sell the book whose cover was torn.
   → 표지가 찢어진 책을 팔 수 없다.

연습 문제

다음 밑줄 친 표현의 옳고 그름을 판단하시오.

01 The man <u>whom</u> called you is waiting outside.

02 He has a dog <u>that</u> loves to play fetch.

03 We saw the movie, <u>that</u> you recommended.

04 The teacher explained the rule <u>which</u> was confusing to everyone.

05 The teacher <u>that</u> taught me English was very kind.

06 I have a friend <u>whom</u> speaks three languages.

07 The song <u>whom</u> you recommended was really good.

08 I can't find the pen <u>which</u> I put on the table.

09 I know the man <u>which</u> called you yesterday.

10 She found the book, <u>that</u> had been missing for weeks.

11 She doesn't like the guy <u>who</u> was waiting for her at the station.

12 I read the article, <u>which</u> you sent yesterday.

ANSWER

01 [정답] (X) who 또는 that
[해석] 너에게 전화한 남자가 밖에서 기다리고 있다.

02 [정답] O
[해석] 그는 공놀이를 좋아하는 개를 키운다.

03 [정답] (X) which
[해석] 우리는 네가 추천한 영화를 봤다.

04 [정답] O
[해석] 선생님은 모두에게 혼란스러웠던 규칙을 설명했다.

05 [정답] O
[해석] 영어를 가르쳐준 선생님은 매우 친절했다.

06 [정답] (X) who 또는 that
[해석] 나는 세 가지 언어를 할 줄 아는 친구가 있다.

07 [정답] (X) that 또는 which
[해석] 네가 추천한 그 노래는 정말 좋았어요.

08 [정답] O
[해석] 내가 테이블 위에 두었던 펜을 찾을 수 없어요.

09 [정답] (X) who 또는 that
[해석] 나는 어제 너에게 전화한 남자를 알아.

10 [정답] (X) which
[해석] 그녀는 몇 주 동안 없었던 책을 찾았다.

11 [정답] O
[해석] 그녀는 역에서 그녀를 기다리고 있던 남자를 만났어요.

12 [정답] O
[해석] 나는 네가 어제 나에게 보낸 기사를 읽었어요.

2 관계 부사

이론 익히기

> **tip**
> - 관계부사는 이하에 완전한 문장이 쓰인다.
> - 관계부사들 중 어떤 것을 쓸지는 선행사를 보고 정한다.
> - 다른 관계부사들은 선행사와 쓰일 수 있으나, how는 선행사인 the way와 함께 쓰일 수 없다.

선행사	관계부사	
시간	when	완전한 문장
장소	where	완전한 문장
이유 (the reason)	why	완전한 문장
방법 (the way)	how	완전한 문장

1. The day when I first met you is unforgettable.
   → 내가 너를 처음 만난 날은 잊을 수 없다.

2. The park is the place where we had our first date.
   → 저 공원은 우리가 첫 데이트를 했던 장소이다.

3. The reason why I didn't call you yesterday is that I was busy.
   → 내가 어제 너에게 전화를 하지 않은 이유는 바빴기 때문이다.

4. I want to know the way how you mastered English. (X)
   → 나는 네가 영어를 마스터한 방법을 알고 싶다.

Memo

연습 문제

다음 밑줄 친 표현의 옳고 그름을 판단하시오.

01 At the moment <u>when</u> I heard the news, I couldn't believe it.

02 I'll never forget the place <u>when</u> we used to go every summer.

03 The year <u>why</u> I graduated from college was very memorable.

04 I'll never forget the time <u>where</u> we went on a road trip together.

05 The place <u>where</u> we had our first meeting is now a café.

06 This is the spot <u>how</u> we used to play when we were kids.

07 I will always remember the moment <u>when</u> I first saw her.

08 There's a park <u>when</u> I go for a walk every morning.

ANSWER

01 [정답] O
[해석] 그 뉴스를 들었을 때, 나는 믿을 수 없었다.

02 [정답] (X) where
[해석] 우리가 매년 여름마다 가던 그 장소는 절대 잊지 못할 것이다.

03 [정답] (X) when
[해석] 내가 대학을 졸업한 해는 매우 기억에 남는다.

04 [정답] (X) when
[해석] 우리가 함께 도로 여행을 갔던 그 시간을 절대 잊지 못할 것이다.

05 [정답] O
[해석] 우리가 첫 회의를 했던 그 장소는 지금 카페로 바뀌었다.

06 [정답] (X) where
[해석] 이곳은 우리가 어렸을 때 자주 놀던 곳이다.

07 [정답] O
[해석] 나는 그녀를 처음 봤을 때의 순간을 항상 기억할 것이다.

08 [정답] (X) where
[해석] 매일 아침 나는 산책을 하러 가는 공원이 있다.

EXERCISE

Unit 5. 관계사

다음 빈칸에 적절한 것을 고르시오.

01 The library, _____ I study English every afternoon, has a beautiful view of the river.
Ⓐ that
Ⓑ when
Ⓒ where
Ⓓ whose

02 Stella _____ you met yesterday will be taking over my duties.
Ⓐ whom
Ⓑ who
Ⓒ which
Ⓓ how

03 There are other restaurants _____ you can eat fresh food less expensively.
Ⓐ when
Ⓑ where
Ⓒ which
Ⓓ who

04 Soil, _____ contains a lot of minerals, is much more fertile.
Ⓐ that
Ⓑ who
Ⓒ which
Ⓓ why

05 West Germany never stopped humanitarian aid to East Germany even during the time _____ they had political debates.
Ⓐ when
Ⓑ where
Ⓒ who
Ⓓ which

06 I'll reserve the front two seats _____ have hangers for baby bassinets.
Ⓐ where
Ⓑ who
Ⓒ whose
Ⓓ which

07 Each of the things, _____ we see on the wreck, reminds us that there was 1,177 individuals that died.
Ⓐ which
Ⓑ whom
Ⓒ who
Ⓓ that

08 The government will raise the real estate tax rate to 3.2 percent for those _____ own estates in New York and Detroit.
Ⓐ whom
Ⓑ who
Ⓒ where
Ⓓ which

09 When he came back, he began to talk about the friendliness of the people, _____ he met in Africa.
Ⓐ who
Ⓑ that
Ⓒ whom
Ⓓ where

10 The scientist, _____ conducted the ground-breaking research on renewable energy, presented her findings at the international conference.
Ⓐ why
Ⓑ who
Ⓒ which
Ⓓ that

11 A cactus is a prickly plant _____ stem stores water.
Ⓐ who
Ⓑ that
Ⓒ whose
Ⓓ where

12 He was worried about social conditions _____ had been deeply influenced by materialism.
Ⓐ who
Ⓑ where
Ⓒ whose
Ⓓ which

13 The Indians showed settlers how to plant crops, _____ they did and with which they were able to survive.
Ⓐ whose
Ⓑ which
Ⓒ who
Ⓓ that

14 She refused to divulge the place _____ her brother was staying.
Ⓐ who
Ⓑ whose
Ⓒ which
Ⓓ where

15 David also gathered all the lyrics, _____ took about three months, and sent them to me.

Ⓐ how
Ⓑ whom
Ⓒ where
Ⓓ which

16 I measure my success by the satisfied customers _____ communicate their satisfaction to me and by the satisfied guests who repeatedly visit my hotel.

Ⓐ who
Ⓑ which
Ⓒ how
Ⓓ whose

17 A company _____ violates the law can be fined 3 million won for a first offense, 4 million won for a second violation and 5 million for a third.

Ⓐ why
Ⓑ who
Ⓒ whose
Ⓓ that

18 Rescue workers with sniffer dogs had earlier been searching for a missing woman, _____ lived above the point of Saturday's explosion and who was believed to be in the rubble.

Ⓐ that
Ⓑ whom
Ⓒ who
Ⓓ which

Unit 6 조동사

이론 익히기

■ 조동사파트는 보기 항 중 어떤 조동사가 가장 문맥에 어울리는가를 고민해야 하므로 문장 해석이 필수이다. 각 조동사가 어떻게 해석되는지를 익히는 것이 중요하다.
■ 출제 문항 수 : 2문항

(1) can, could

① 능력 : ~할 수 있다, ~할 줄 안다 (= be able to V, be capable of Ving)

> 예문   I can speak Korean.
> → 나는 한국어를 할 줄 안다.

② 허가 : ~해도 된다

> 예문   You can use my computer.
> → 너는 내 컴퓨터를 써도 된다.

③ 가능성 : ~일 가능성이 있다, ~일 수도 있다.

> 예문   1. The rumor can be true.
> → 그 소문은 사실일 수도 있다.
>
> 2. The rumor cannot be true.
> → 그 소문은 사실일 리 없다.

(2) may, might

① 허가 : ~해도 된다

> 예문   You may use the computer.
> → 너는 내 컴퓨터를 써도 된다.

② 추측 : 아마도 ~일 것이다

 There may be a problem between them.
→ 그들 사이에 아마도 문제가 있을 것이다.

(3) must

① 강한 의무 : ~해야만 한다 (=have to)

 1. You must complete the project by next week.
→ 너는 다음 주까지 그 프로젝트를 완수해야만 한다.

2. You must not tell the secret.
→ 너는 비밀을 절대로 말하면 안 된다.

② 강한 추측 : ~임이 틀림없다, 분명하다

 1. He must be the criminal.
→ 그는 범인인 게 분명하다.

2. He cannot be the criminal.
→ 그는 범인일 리 없다.

(4) will, would

① will : 미래 (~일 것이다), 의지 (~할 것이다), 고집이나 경향 (~하기 마련이다)

 1. You will pass the exam next year.
→ 너는 내년 시험에 합격 할 것이다.

2. I won't do such a behavior again. (의지)
→ 나는 다시는 그러한 행동을 하지 않을 것이다.

3. Accidents will happen. (경향)
→ 사고는 발생하기 마련이다.

② would : 습관 (~하곤 했다), 공손한 부탁, 소망

 1. We would take a walk together. (습관)
→ 우리는 함께 산책을 하곤 했다.

2. Would you do me a favor? (공손한 부탁)
→ 제 부탁을 들어주시겠어요?

(5) shall, should

① shall : 법조문 또는 계약서 (~해야 한다), 제안 (~할까요?)

 1. You shall not kill. (성경)
→ 살인하지 말라.

2. The President shall be Commander in Chief of the Army and Navy of the United States. (미국 헌법)
→ 대통령은 미국의 육군과 해군 총사령관이 된다.

3. Shall we go for a drink after work? (제안)
→ 퇴근하고 한 잔 어때요?

② should : 당위 (당연히 ~해야 한다)

 1. You should obey the rules.
→ 너는 규칙을 지켜야 한다.

2. You should love your neighbors.
→ 너는 이웃을 사랑해야 한다.

EXERCISE

Unit 6. 조동사

다음 빈칸에 적절한 것을 고르시오.

01 그 소문은 사실일 리 없다.
→ The rumor _____ be true.
Ⓐ may not
Ⓑ cannot
Ⓒ must not
Ⓓ will not

02 티켓은 교환 및 요금 환불이 불가능하다.
→ Tickets _____ be exchanged or money refunded.
Ⓐ would not
Ⓑ may not
Ⓒ should not
Ⓓ cannot

03 그 스웨터를 입었으니 너는 분명히 덥겠구나!
→ You _____ be boiling in that sweater!
Ⓐ can
Ⓑ may
Ⓒ must
Ⓓ will

04 내 동생은 거짓말을 할 줄 모른다.
→ My sister _____ lie.
Ⓐ cannot
Ⓑ must not
Ⓒ should not
Ⓓ might not

05 진행 상황에 따라 아마도 교차로가 경로에 포함될지도 모른다.
→ Crossroads _____ be included on the route, according to progress.
Ⓐ must
Ⓑ should
Ⓒ may
Ⓓ would

06 그들과 만나도 되고 취소도 가능합니다.
→ We _____ meet with them or we could call it off.
Ⓐ would
Ⓑ could
Ⓒ must
Ⓓ should

07 폭력 범죄의 증가를 억제하지 않고 놔두어서는 절대로 안 된다.

→ The rise in violent crime _____ go unchecked.

Ⓐ must not
Ⓑ would not
Ⓒ should not
Ⓓ may not

08 출하를 촉진하는 것이 당사에는 득이 되지 않으므로, 귀하의 제안을 수용할 수 없습니다.

→ Since it is not in our best interest to expedite the shipment, we _____ accept your suggestion.

Ⓐ should not
Ⓑ may not
Ⓒ cannot
Ⓓ must not

09 양 측이 최종 합의에 이르면, 그 회사는 2030년 상반기에 착공에 들어간다.

→ If the two reach an agreement, the company _____ begin building the center during the first half of 2030.

Ⓐ can
Ⓑ must
Ⓒ should
Ⓓ will

10 비록 저가 항공사들이 일반 항공사들처럼 뜨거운 수건과 음식과 음료를 제공하지 않을 수도 있지만, 대부분의 사람들은 저렴한 티켓 가격을 위해 기꺼이 이러한 사치를 포기한다.

→ Although budget airlines _____ offer the hot towels, food and beverages of regular airlines, most people are willing to sacrifice these luxuries for lower ticket prices.

Ⓐ must not
Ⓑ should not
Ⓒ will not
Ⓓ may not

11 세계 2위의 경제 대국인 중국이 국내외적으로 수많은 도전으로 인해 더욱 취약해짐에 따라 한국도 중국의 경제 위기에 대비해야 한다는 목소리가 커지고 있다.

→ Voices are growing that Korea _____ brace for China's economic crisis as the world's second-largest economy has become more vulnerable due to a myriad of challenges both at home and abroad.

Ⓐ should
Ⓑ may
Ⓒ can
Ⓓ must

12 기내에서 특히 비행기가 착륙할 때 귀가 멍멍해지는 불편감이나 통증을 경험하기도 하는데, 이는 기압의 급격한 변화 때문이다.

→ Passengers _____ feel aerotitis or inflammation of the middle ear during the flight especially when the plane is landing, which is due to drastic changes in atmospheric pressure.

Ⓐ must
Ⓑ might
Ⓒ should
Ⓓ will

13 우리 가게 빵은 당뇨 환자나 알러지가 심한 사람들을 위한 글루텐프리 빵이라 일반 사람들의 입맛에 맞지 않을 수도 있다고 생각했다. 하지만 지금은 어깨가 으쓱해지는 기분이다.

→ I thought that my breads _____ suit ordinary people's palates as it is gluten-free for diabetes sufferers or people who are prone to hyperallergic. But now I feel flattered.

Ⓐ should not
Ⓑ can not
Ⓒ might not
Ⓓ will not

14 시장의 진짜 대상을 알아낸 후 그들에게 어필할 수 있는 계획을 만들겠습니다.

→ Sarah said that she _____ figure out the real target market and develop a plan that would appeal to the customers.

Ⓐ would
Ⓑ will
Ⓒ can
Ⓓ may

15 전문가들은 기존의 구조들은 관중들을 수용할 수 있었고, 외양간을 약간 개조해서 격납고로 쓸 수 있다고 생각했다.

→ The experts thought that existing structures _____ accommodate the audience, and, with some minor modifications, horse barns could be used as hangars.

Ⓐ should
Ⓑ can
Ⓒ will
Ⓓ could

16 I am going on a trip to Europe next summer. I _____ save more money if I want to visit multiple countries.

Ⓐ must
Ⓑ may
Ⓒ can
Ⓓ had to

17 John has been feeling unwell for a few days. He _____ see a doctor before his condition gets worse.

Ⓐ might
Ⓑ should
Ⓒ would
Ⓓ shall

18 The sky is full of dark clouds. It _____ rain later, so we should bring an umbrella.

Ⓐ will
Ⓑ must not
Ⓒ might
Ⓓ shall

19 Lisa has an important exam next week. She _____ study hard if she wants to pass with a high score.

Ⓐ may
Ⓑ must
Ⓒ might
Ⓓ can

20 I can't find my keys anywhere and I don't know where they is. They _____ be in my car, so I'll go check.

Ⓐ will
Ⓑ must
Ⓒ shall
Ⓓ could

21 Emma just got a new job in the city. She _____ wake up earlier to catch the train on time.

Ⓐ can
Ⓑ must
Ⓒ might
Ⓓ would

22 Eden has an important presentation at work next Monday. He _____ practice speaking clearly and confidently so that he can impress his colleagues and managers.

Ⓐ would
Ⓑ shall
Ⓒ should
Ⓓ may

Unit 7 연결어

- 연결어는 구, 절, 문장 등 여러 가지 덩어리를 연결하여 부연설명을 해 주는 역할로, 전치사, 접속사, 접속부사를 총칭하는 말이다. 빈칸 뒤에 나온 덩어리의 형태와 해석을 통해 가장 적절한 것을 고르는 것이 중요하다.
- 출제 문항 수 : 2문항

1 전치사

이론 익히기

> **tip** 전치사는 뒤에 명사 덩어리가 놓이게 된다.

1	대조	despite, in spite of	~에도 불구하고
		unlike	~와 달리
		aside from, apart from	~외에도, ~를 제외하고
		regardless of	~에 상관없이
2	인과	due to, because of, thanks to, owing to	~때문에

예문

1. **Despite** the heavy rain, they continued playing soccer.
   → 폭우에도 불구하고, 그들은 계속 축구를 했다.

2. **Unlike** his older brother, Jake enjoys playing video games instead of sports.
   → 형과는 다르게, 제이크는 스포츠보다 비디오 게임을 즐긴다.

3. We will continue with the project **regardless of** the challenges we face.
   → 우리는 직면하는 어려움과 상관없이 프로젝트를 계속할 것이다.

4. The flight was delayed **due to** bad weather conditions.
   → 비행기는 악천후로 인해 지연되었다.

2 종속 접속사

이론 익히기

> **tip** 두개의 완전한 절을 연결할 때에는 종속접속사가 필요하다. 접속사가 붙어있는 절을 종속절, 붙어있지 않은 절을 주절이라고 부른다. 종속절은 주절 앞에 놓일 수도 있고, 뒤에 놓일 수도 있다.

1	대조	though, although, even though, even if	~에도 불구하고
		whereas, while	반면에
2	조건	if	~한다면
		unless	~하지 않는다면
3	시간	when	~할 때
		whenever	~할 때 마다
		as soon as	~하자마자
		since	~한 이후로 지금까지
		while	~하는 동안
		by the time	~할 때 쯤
4	인과	as, since, because	~때문에

예문

1. Although she was very tired, she stayed up late to finish her work.
   → 비록 그녀가 매우 피곤했지만, 그녀는 일을 끝내기 위해 늦게까지 깨어 있었다.

2. Eden loves spicy food, whereas his brother prefers mild dishes.
   → 이든은 매운 음식을 좋아하는 반면에, 그의 형은 순한 음식을 선호한다.

3. I called my mom as soon as I arrived at the airport.
   → 나는 공항에 도착하자마자 엄마에게 전화를 걸었다.

4. She couldn't attend the meeting because she was sick.
   → 그녀는 아팠기 때문에 회의에 참석할 수 없었다.

3 접속 부사

이론 익히기

> **tip** 접속 부사는 두 문장을 의미상으로 연결해주는 역할을 한다. 접속 부사는 바로 뒤에 콤마가 오게 된다.

1	추가	at the same time	동시에, 또한
		besides, further, furthermore, in addition, moreover, what's more	게다가
		likewise, similarly, in the same way	마찬가지로
2	대조	nevertheless, nonetheless	그럼에도 불구하고
		conversely, in contrast, on the contrary	반대로, 대조적으로
		however, still	그러나
		on the other hand	반면에
		otherwise	그렇지 않으면
3	강조	indeed	정말로, 확실히
		in fact	사실
		in particular, particularly	특히
4	시간	afterward, later	나중에, 이후에
		as time goes by	시간이 지나자
		at last	마침내
		at the same time	동시에
		in the meantime	한편
		lately	최근에
		meanwhile	한편, 그 동안에

5	결과, 결론	accordingly	이에 따라
		as a result, consequently, in conclusion, in consequence,	그 결과, 결과적으로
		hence, therefore, thus	따라서, 그래서
		in brief, in short	한마디로, 간단히 말해서
		eventually, finally, in the end	결국에는
6	예시	for example, for illustrate, for instance	예를 들어
7	기타	fortunately	다행히도
		unfortunately	불행히도
		instead	대신에
		rather	오히려

예문

1. John was cooking dinner. Meanwhile, his wife was setting the table.
   → 존은 저녁을 요리하고 있었다. 한편, 그의 아내는 식탁을 차리고 있었다.

2. He didn't study for the test. Consequently, he failed.
   → 그는 시험공부를 하지 않았다. 그 결과, 그는 불합격했다.

3. It was raining heavily; therefore, we decided to stay indoors.
   → 비가 심하게 내리고 있었다. 따라서 우리는 실내에 머물기로 결정했다.

4. Many countries have strict traffic laws. For example, in Germany, speeding fines are very high.
   → 많은 나라에는 엄격한 교통 법규가 있다. 예를 들어, 독일에서는 과속 벌금이 매우 높다.

5. I didn't drink coffee this morning. Instead, I had green tea.
   → 나는 오늘 아침에 커피를 마시지 않았다. 대신에, 녹차를 마셨다.

EXERCISE

Unit 7. 연결어

다음 빈칸에 적절한 것을 고르시오.

01 _____ an agreement has been reached, rumbles of resentment can still be heard.
Ⓐ Despite
Ⓑ Conversely
Ⓒ Although
Ⓓ In the same way

02 He was very happy to pass the test. _____, his parents were glad that he could do all the things he wanted to do.
Ⓐ Though
Ⓑ In contrast
Ⓒ At the same time
Ⓓ Whereas

03 I've finished the test _____ the last question.
Ⓐ so that
Ⓑ apart from
Ⓒ unless
Ⓓ in spite of

04 More than six out of 10 people in their 20s to 30s do not see marriage and childbirth as necessary, _____ financial pressure, a survey showed, Monday.
Ⓐ because of
Ⓑ similarly
Ⓒ on the other hand
Ⓓ conversely

05 _____ we reached home, it was quite dark.
Ⓐ In contrast
Ⓑ Unlike
Ⓒ For
Ⓓ By the time

06 The restaurant was expensive, and the food was not so good. _____, the service was terrible.
Ⓐ Therefore
Ⓑ Besides
Ⓒ Nevertheless
Ⓓ Regardless of

07 Bob spent fifteen months alone on his yacht. Ann, his wife, _____, took care of the children on her own.

Ⓐ meanwhile
Ⓑ furthermore
Ⓒ although
Ⓓ indeed

08 Bus services will stop tomorrow _____ the bridge closure.

Ⓐ because
Ⓑ therefore
Ⓒ because of
Ⓓ despite

09 It snows heavily. _____, all the planes are grounded.

Ⓐ To illustrate
Ⓑ While
Ⓒ Consequently
Ⓓ Whenever

10 According to the results, basking sharks don't hibernate deep in the ocean. _____, they swim huge distances from the North Atlantic to warmer tropical water.

Ⓐ Consequently
Ⓑ Instead
Ⓒ Particularly
Ⓓ Since

11 _____ the ban, the Ministry of Environment expects there will not be a huge inconvenience to consumers as substitute containers have been in wide use for years.

Ⓐ Because of
Ⓑ Accordingly
Ⓒ Even though
Ⓓ Despite

12 All schedule changes must be confirmed with the manager on duty. _____, timetable conflicts are likely to occur.

Ⓐ Otherwise
Ⓑ Eventually
Ⓒ Lately
Ⓓ Accordingly

13 Living in a big city offers good job opportunities. _____, it provides good education opportunities.

Ⓐ While
Ⓑ In addition
Ⓒ Because of
Ⓓ Otherwise

14 David received two job offers. _____ one company offered a higher salary, he chose the other because of its flexible work schedule.

Ⓐ If
Ⓑ On the other hand
Ⓒ Although
Ⓓ Despite

15 Sophia prefers shopping online. _____, her sister enjoys going to physical stores.

Ⓐ Whenever
Ⓑ In contrast
Ⓒ In fact
Ⓓ Owing to

16 Mark loves eating fast food. _____ his unhealthy diet, he has gained a lot of weight.

Ⓐ Apart from
Ⓑ However
Ⓒ Conversely
Ⓓ Because of

17 We wanted to watch a movie together. _____ the tickets were sold out, we decided to watch a movie at home instead.

Ⓐ Since
Ⓑ Moreover
Ⓒ While
Ⓓ Unlike

18 I left home early to avoid traffic jam. _____, I still arrived late because of an accident on the highway.

Ⓐ Even though
Ⓑ In addition
Ⓒ Further
Ⓓ Nonetheless

19 We disliked each other. _____, we reached the same decision on that matter.

Ⓐ Although
Ⓑ As a result
Ⓒ Nonetheless
Ⓓ Afterward

20 Women generally live longer than men. _____, in the United States life expectancy for women is 75, while it is 73 for men.

Ⓐ For example
Ⓑ In brief
Ⓒ Conversely
Ⓓ Since

21 The United States won most of the track and field events. _____, in swimming, the top three places went to Americans.

Ⓐ In short
Ⓑ Similarly
Ⓒ While
Ⓓ For example

22 _____ Eden saw the net profit, he decided to manufacture the buttons under his own brand.

Ⓐ Thus
Ⓑ Unless
Ⓒ Accordingly
Ⓓ When

23. The Vietnamese market looks lucrative because the country has been recording an annual GDP growth rate of 6.8 percent in recent years. _____, people under the age of 30 account for about half of Vietnam's 100 million population.

    Ⓐ Although
    Ⓑ Since
    Ⓒ Moreover
    Ⓓ According to

24. Several buildings or homes tend to share the same land lot number. _____, it is near impossible to find one's way to an address by using the current system.

    Ⓐ Eventually
    Ⓑ In the meantime
    Ⓒ On the other hand
    Ⓓ Hence

25. Modern technology has transformed the way students learn. _____ traditional classrooms rely on textbooks, many schools now incorporate digital resources and online lectures.

    Ⓐ Whereas
    Ⓑ Due to
    Ⓒ Indeed
    Ⓓ Unless

26. Governments around the world are implementing stricter environmental regulations. _____, some industries continue to prioritize profits over sustainability, leading to ongoing pollution problems.

    Ⓐ Because
    Ⓑ Unlike
    Ⓒ Similarly
    Ⓓ Nevertheless

27. New medical treatments have significantly improved patient survival rates. _____ advancements in biotechnology, doctors can now diagnose and treat diseases more effectively than ever before.

    Ⓐ Regradless of
    Ⓑ Thanks to
    Ⓒ For example
    Ⓓ Hence

… PART 2

독해

Unit 1. Biographical Narrative (인물의 일대기)
Unit 2. Magazine, Newspaper of Web artice
          (실험, 가설 혹은 새로운 발견)
Unit 3. Encyclopedia Article (백과사전적 지식)
Unit 4. Business or Formal Letter (마케팅이나 사업제안 등의 이메일)

Unit 1 Biographical Narrative (인물의 일대기)

■ **Unit 1의 소재**
주로 미국 근현대사와 관련된 인물의 일대기와 그의 업적에 대한 내용이 출제된다. 기술되는 내용은 언제 그리고 어디서 태어났으며, 유소년 시절과 청년시절, 그의 직업 및 업적과 활동, 그가 남긴 작품이나 역사적 고찰, 그리고 죽음 등이다.

■ **Unit 1 풀이 tip**
주인공이 사회에 일으킨 혹은 주인공의 특정한 활동으로 일어난 변화, 주인공과 관련된 주변 인물들과의 관계, 특정 기간 동안의 활동에 특히 주목해서 문제를 해결한다.

1 문제 01~07

William Turner was born in Maiden Lane, Covent Garden, London, to a modest lower-middle- class family. He lived in London all his life. Turner studied at the Royal Academy of Arts from 1789, enrolling when he was 14, and exhibited his first work there at 15. During this period, he also served as an architectural draftsman. By the end of 1789, he had also begun to study under the topographical draughtsman Thomas Malton, specialized in London views.

Turner's talent was recognized early in his life. Financial independence allowed Turner to innovate freely; his mature work is characterized by a chromatic palette and broadly applied atmospheric washes of paint.

Although he availed himself of the results of the labours of preceding artists, William Turner nevertheless, from his earliest youth, received his <u>sole</u> inspiration from nature. And yet his art did not lie in the literal transcription of nature. His

01 Who is William Turner?

(a) a poet

(b) a painter

(c) a photographer

(d) a historian

02 What was the subject of William Turner's works?

(a) his own ideal

(b) the works of preceding artists

(c) his comprehension about the nature

(d) natural disasters like earthquakes and storm-winds

03 The art of William Turner _____

(a) was not well recognized from his early years.

(b) influenced the impressionists of France

(c) was to describe English architectures.

(d) is based on his admiration of Raphael.

04 Which of the following is true?

(a) William Turner painted his own portrait

(b) William Turner was the member of idealism.

(c) William Turner had once worked as a draftsman

(d) William Turner used his own identical skills instead of using the results of preceding artists.

05 The main topic of the passage is _____

(a) The relationship between William Turner and his predecessors

(b) the favorite theme of William Turner, which is 'return to nature'

(c) the painter of idealized reality, William Turner

(d) the spirit of the art: Idealism

was not the skill to count the blades of grass, and reproduce, without variation, the exact aspect of the scene before him. Every scene that he has represented is bathed, so to speak, in the mystic poetry of his own imagination. Turner's imagination was sparked by shipwrecks, fires, and natural phenomena such as sunlight, storm, rain, and fog. He was fascinated by the violent power of the sea. He painted his portrait of the earth not merely as it appeared to him at any one given moment, but with a true comprehension of all its past history, of the earthquakes that had shaken it, the storm-winds that had swept over it, and the loveliness that still clung to it. He has revealed to us his loveliness in all its varying aspects-in its joy and in its sadness, in its brightness and its gloom, in its pensive mood and in its fierce madness, in its love and in its hate, but the portrait, although true in the highest sense, is never directly copied from nature for he painted, like Raphael and all great idealists, from an image or ideal in his own mind. But this ideal was founded on the closest observation and study of the real.

In Turner's later years he used oils ever more transparently and turned to an evocation of almost pure light by use of shimmering colour. The intensity of hue and interest in evanescent light not only placed Turner's work in the vanguard of English painting but exerted an influence on art in France; the Impressionists, particularly Claude Monet, carefully studied his techniques.

06 In the context of the passage, sole means _____
 (a) true
 (b) diverse
 (c) only
 (d) creative

07 In the context of the passage, is bathed means _____
 (a) is cleaned
 (b) is excluded
 (c) is embodied
 (d) is distorted

2 문제 08~14

Erving Goffman was a Canadian-born sociologist, social psychologist, and writer, considered by some "the most influential american sociologist of the twentieth century." He was from a family of Ukrainian Jews who had emigrated to Canada at the turn of the century. The family moved to Dauphin, Manitoba, where his father operated a successful tailoring business.

In 1939 he enrolled at the University of Manitoba, majoring in chemistry. He interrupted his studies and moved to Ottawa to work in the film industry for the Nationa Film Board of Canada. Later he developed an interest in sociology.

Goffman made substantial advances in the study of face-to-face interaction, elaborated the "dramaturgical approach" to human interaction, and developed numerous concepts that have had a massive influence, particularly in the field of the micro-sociology of everday life. Much of his work was about the organization of everday behavior, a concept he termed "interaction order".

Goffman defined "impression management" by noting "that when an individual appears before others he will have many motives for trying to control the impression they receive of the situation." We want to be liked and to have our ideas accepted. We want others to show regard for our feelings and for the values that serve as the anchors for our actions. Goffman reminds us that children, teachers, parents, close friends, employees, employers, spouses, lovers, and coworkers all have strategies for projecting their interests to those with whom they come in contact. Since we perform many of these roles simultaneously, we are constantly faced with the imperatives of making our actions and attitudes acceptable to others. Every role we play carries a number of possible strategies for influencing others. In words, gestures, and small signs, we leave a trail of cues that are meant to guide the responses of our audiences. No moment in the routine events of the day is too small to be completely without conflict.

08 Who is Erving Goffman?

(a) a filmmaker

(b) a businessman

(c) a Chemist

(d) a Sociologist

09 Which of the following is NOT true?

(a) Goffman had once worked as a tailor

(b) Goffman had majored in chemistry

(c) Goffman had once worked in the film industry

(d) Goffman had changed his major into sociology.

10 Goffman has developed the study of _____

(a) specific scientific behavior of people

(b) macro-sociology

(c) face-to-face interaction

(d) human interaction related to the film

11 "Impression management" is _____

(a) the motive to control the impression

(b) the recognition of one to others' impression

(c) the strategy to form specific emotion

(d) the strategy to project one's interest to others

12 Which of the following is true?

(a) Goffman's writings have been sold the most than other academics.

(b) Goffman was more cited than Giddens

(c) Goffman was listed as the most-cited author in the social sciences.

(d) Goffman's writing style is less accessible than other academics

In 2007 by the Times Higher Education Guide listed Goffman as the sixth most-cited author in the humanities and social sciences, behind Anthony Giddens and ahead of Habermas. His popularity with the general public has been attributed to his writing style and to its being more accessible than that of most academics.

13. In the context of the passage, regard means _____
    (a) surprise
    (b) admiration
    (c) respect
    (d) sympathy

14. In the context of the passage, imperative means _____
    (a) motive
    (b) desire
    (c) conflict
    (d) duty

Unit 2   Magazine, Newspaper of Web artice
(실험, 가설 혹은 새로운 발견)

■ **Part 2의 소재**
과학기술이나 의학기술 혹은 사회적인 변화나 이슈와 관련된 진보, 변화, 새로운 양상 그리고 그것의 전망 등에 관한 전문적 지식이나 정보를 소개하는 내용이 출제된다. 특정한 연구 또는 조사를 하는데 수반되는 절차와 결과를 세부적으로 묻는 경우가 많고, 본문에서 언급된 내용 혹은 언급되지 않은 내용 등에 대한 문항이 출제되므로 독해 영역 중 가장 어려운 파트로 평가된다.

■ **Part 2 풀이 tip**
이 파트는 제목 자체가 핵심 키워드(keyword)를 담고 있는 경우가 많다. 즉 제목만으로도 2, 3번 문제를 쉽게 해결할 수도 있으니 제목이 갖는 메시지에 특별히 주목한다.

1   문제 01~07

The early 20th century was not a great time for grocery shoppers. Sure, industrialization meant that more food products were available than ever before, and at lower prices, too. But in the days before the FDA, who knew what those products were really made of? A bottle of ketchup might contain dyed pumpkin, ground ginger might be mixed with bits of tarred rope, and cans labeled "potted chicken" might include no chicken at all.

All those things happened, and worse. Once the public became aware of the extent of the problem, the Pure Food and Drug Act of 1906 was passed. The legislation laid out standards for food safety: You could no longer mix poisonous, dirty, or rotten ingredients into a product. It also stopped outright mislabelling: You could not call something a particular food if it was not that food.

01 The early 20th century was not a great time for grocery shoppers, because of _____
  (a) the cheap product
  (b) the adulteration
  (c) the material of the container of the food
  (d) FDA

02 The Pure Food and Drug Act of 1906 was for_____
  (a) the lower price of the food products
  (b) the allowance of fancy labelling
  (c) the food safety
  (d) the facilitation of the industralization

03 What did the manufacturers of cheap imitation food do?
  (a) they stopped using fancy labels
  (b) they stopped making cheap imitation food
  (c) they raised the price of their products
  (d) they made people be confused about the name of the product

04 Which of the following is NOT true?
  (a) A distinctive name proviso allowed fancy names
  (b) Products like Grape smack or Bred Spred were made of imitative ingredients
  (c) United States won the case with the imitators
  (d) The Purchase of buyers based on their confusion was not the companies' fault.

05 Which of the following is true?
  (a) The rule for the pure food and drug got less strict than before
  (b) The rule in 1938 did not allow the manufacturers to use fanciful names
  (c) The rule of food, drug, and cosmetic act mandated the use of imitation labels
  (d) The manufacturers were sentenced to monetary penalty based on the rule in 1906

This was going to hurt the bottom line for manufacturers of cheap imitation food, so they came up with a way around the new rules. What if you technically did not say a product was something it was not? What if you are calling a product that is mostly cornstarch Puddine, expecting that people will think it is real pudding?

That strategy worked for a while. A "distinctive name" proviso was inserted into the law that allowed clever names. In addition to Puddine (mostly cornstarch), consumers could buy Grape Smack (imitation grape juice) and Bred Spred (a nearly fruit-free sugar-pectin mixture in a jam jar). If buyers thought they were getting pudding, grape juice, and strawberry jam—well, it was not the companies' fault. They did not say their products were those other things.

The courts agreed. In the marvelously titled cases United States v. 150 Cases of Fruit Puddine, United States v. 24 7/8 Gallons of Smack, and United States v. 15 Cases of Bred Spred, the distinctive name proviso let the imitators off the hook. But the rules got stricter with the 1938 Food, Drug, and Cosmetic Act, which mandated that products could still bear fanciful names, but if they looked a lot like something they were not, they had to be explicitly labeled an imitation.

06 In the context of the passage, outright means_____
  (a) explicit
  (b) oblique
  (c) confusing
  (d) ambiguous

07 In the context of the passage, bear means_____
  (a) conceal
  (b) use
  (c) concede
  (d) copy

The history of Impressionism is indeed inextricably bound up with the quarrels and power struggles that almost immediately threatened the very feasibility of the exhibitions for which, essentially, its members had come together in the first place. From 1874 to 1886 there were eight exhibitions, six of which revealed the artists' lack of cohesion and shared ambition. In order to share the costs of organizing their exhibitions more widely, they were forced to admit painters who were less talented or more conservative. Moreover, they also had to deal as best they could with the personal ambitions of their members and, although the statutes of 1873 had been carefully drafted so as to give the paintings without a salon and without an audience a real chance, the experience of each exhibition showed that one of them was really ready for this adventure.

From one Impressionist exhibition to the next, we can trace the relations between the different chapels within the group, but also its capacity to generate new sources of dynamism. In 1876, Caillebotte emerged. In 1879, Gauguin was introduced by Pssarro and confirmed by Degas. In 1886 the neo-Impressionists barged in, eating up exhibition space and edging out Impressionism itself. Every new arrival, except for Caillebotte and Mary Cassatt, was greeted by wailing and the gnashing of teeth. But it has to be admitted that these newcomers were born from and because of Impressionism.

But then what do these recruits really matter? As of the late 1870s, the movement was no longer the property of its artists. Already, they were moving away. Cézanne, Renoir, Monet, and even Degas, who continued to promote his little realist school, had already chosen their solitary paths. They wanted no lack of recognition from the Salon. Also, and above all, they wanted one-person exhibitions where their work could be appreciated in and for itself, where visitors would not get lost in comparisons, where critics would not confuse the true Impressionist and true painter with the last-minute guest. The history of Impression would be written by several hands, but above all by individuals.

08 What did Impressionists do to share the costs of organizing the exhibitions?

(a) They allowed less proficient and more conservative painters to join the exhibition

(b) They just held individual exhibitions

(c) They divided single exhibition into 8 parts.

(d) They tried to gather other artists to form cohesive exhibition.

09 Who was greeted by Impressionists?

(a) Cassatt

(b) Gaugin

(c) Pissarro

(d) Degas

10 Who chose his own path as a realist?

(a) Caillebotte

(b) Degas

(c) Pissarro

(d) Gaugin

11 What the Impressionists wanted to do was_____

(a) to compare their works with others

(b) to get the recognition from the Salon

(c) to develop impressionism into neo-impressionism

(d) to earn money to organize their exhibitions more widely

12 Which of the following is NOT true?

(a) Impressionism offered the foundation of Neo-impressionism

(b) Among the eight exhibitions from 1874 to 1886, six of them showed shared ambition of painters.

(c) Impressionists were deprived their place of by Neo-impressionists.

(d) In the late 1870s, Impressionists wanted to hold individual exhibitions.

13 In the context of the passage, conservative means _____
(a) innovative
(b) traditional
(c) wealthy
(d) energetic

14 In the context of the passage, wailing means _____
(a) admiration
(b) surprise
(c) lamentation
(d) resentment

Memo

Unit 3 Encyclopedia Article (백과사전적 지식)

- **Part 3의 소재**
  백과사전에서 찾아 볼 수 있는 동물, 식물, 건축물, 기기 등의 표제어에 대한 설명 지문이다. 해당 주제에 대한 구체적이고 세부적인 사실(서식지, 유사한 동식물의 종류와 구분되어지는 특징, 건축물이나 기기의 특징과 역사적 배경 및 변화 등)이 주 내용을 이룬다.

- **Part 3 풀이 tip**
  말 그대로 백과사전에 나오는 표제어의 설명지문인 만큼 독해 전체 파트 중 생소한 단어들이 가장 많이 나오는 특징이 있는데, 그러한 단어들은 관계사, 대쉬, 동격 등의 장치를 통해 다시 부연설명 되므로 이러한 사실을 미리 간파하고 있으면 어려운 단어들이 나와도 이 파트의 특성으로 간주하여 훨씬 수월하게 대처할 수 있다.

1 문제 01~07

Leonardo da Vinci just became even more prolific. An analysis released last month claims a small portrait once attributed to a 19th-century German artist was actually painted by the Italian master around the year 1500. The surprising revelation is but the latest in a series of cases in which "lost" pieces of artwork were rediscovered through art authentication. But how can experts be so sure that a specific painter is responsible for a work of art?

In the case of the Da Vinci painting, the authentication was based on physical evidence. Using a high-resolution multispectral camera, a Canadian forensic-art expert named Peter Paul Biro was able to identify a faint fingerprint left on the canvas. The print was then matched to one on a known Da Vinci painting hanging in Vatican City.

01 Which of the following is true?

(a) Leonardo da Vinci is an architect

(b) a small portrait once attributed to a 19th century German artist was actually painted by Leonardo da Vinci around 19th century

(c) a small portrait once attributed to a 19th century German artist was actually painted around the year 1500

(d) The lost pieces of artwork could not be rediscovered later

02 How can experts can sure that a specific painter is responsible for a work of art?

(a) based on the price of the work

(b) based on the physical evidence

(c) based on the gossip

(d) based on the popularity of the specific painter

03 To find physical evidence of the painter, one should_____

(a) use a high-resolution multispectral camera

(b) search for the painter's footprint

(c) look for the provenance of the painting

(d) search for historical evidence

04 Which of the following is NOT true?

(a) the certification of the painting is based on the combination of factors

(b) the fingerprint of the painting distracts the process of finding the painter

(c) tracing a portrait back from owner-to-owner is significant

(d) not only the brushstroke patterns, but the artist's signature is also important

05 What happened to Jackson Pollock painting?

(a) an ex-trucker purchased it for $5.

(b) Biro could not find the physical evidence from the painting

(c) the art community certified the painting

(d) there was explicit record of the painting's former ownership

Absent compelling forensic evidence like a fingerprint, the authentication process becomes a bit murkier. In the past, pieces of art have been certified through the combination of factors, including brushstroke patterns and analysis of the artist's signature. A painting's provenance, or its history of ownership, is also important. Being able to trace a portrait back from owner-to-owner over the course of centuries is no small feat, making it one that often lends significant weight to a work's legitimacy.

One recent high-profile case highlighting the difficulties in authenticating a piece of art is a disputed Jackson Pollock painting, purchased for $5 by an ex-trucker in a thrift store. Biro was also involved in that investigation, matching a partial fingerprint on the canvas to a paint can used by Pollock. Despite the forensic evidence, the art community has been reluctant to certify the work because there is no record of the painting's former ownership.

06 In the context of the passage, prolific means_____
   (a) famous
   (b) affluent
   (c) infamous
   (d) profuse

07 In the context of the passage, forensic means_____
   (a) historical
   (b) aesthetic
   (c) medicolegal
   (d) technological

Melatonin-a hormone naturally produced by the pineal gland-is <u>released</u> when darkness falls, signaling to the body that it is time to rest. While it is well known for its sleep-inducing properties, now, as a result of growing research, scientists know that the substance not only induces sleep but also keeps the brain in order.

One way it does so is as an antidepressant. Seasonal affective disorder is a form of depression common during winter months, thought to be the effect of a mismatch between one's normal sleep cycle and the shifting light-dark cycle. For some people this rhythm mismatch depresses mood. However, this disorder can be <u>readily</u> treated with melatonin. Research has shown that low doses of melatonin along with bright light therapy can realign the sleep-wake cycle and alleviate symptoms of seasonal affective disorder.

Another way it keeps the brain in order is by slowing the cognitive impairment associated with age-related diseases such as Alzheimer's. Amyloid beta and tau proteins are toxic and they build up in patients with this disease, leading to cognitive decline. Melatonin helps to offset the toxic effects of these proteins, but people with Alzheimer's disease produce one fifth the amount of melatonin as healthy young adults. Therefore, melatonin supplements can improve cognitive function in these patients by countering the toxic influence of these two harmful proteins.

These promising newly found effects of this hormone have attracted much attention and have stimulated further research to make humans healthier and happier. What is clear is that melatonin is no longer just an alternative to counting sheep.

08 What is Melatonin?

    (a) An antidepressant medicine

    (b) A type of Protein

    (c) A hormone

    (d) A type of therapy

09 Seasonal affective disorder happens when_____

    (a) a person has little melatonin

    (b) one's life cycle matches with the shifting light-dark cycle in winter

    (c) the weather during winter months is depressive

    (d) there is a discrepancy between one's sleep cycle and the cycle of the sunlight in winter

10 To treat Alzheimer's disease, one should _____

    (a) take bright light therapy

    (b) take melatonin supplements

    (c) take medicines to produce Amyloid beta and tau proteins

    (d) use his brain to enhance the cognitive ability

11 Which of the following is true?

    (a) Melatonin helps people sleep well

    (b) Melatonin alone can treat seasonal depression

    (c) Old people can produce same amount of Melatonin as young people do.

    (d) Melatonin can facilitate the production of Amyloid beta and tau proteins.

12 Which of the following is NOT true?

    (a) Melatonin can reorder the sleep-wake cycle

    (b) Melatonin can cancel out the debilitative effect of tau proteins

    (c) Melatonin can contribute to enhance one's cognitive ability.

    (d) To produce more Melatonin, one should stay in the dark place

13 In the context of the passage, release means_____
(a) set free
(b) drop
(c) emit
(d) let go

14 In the context of the passage, readily means_____
(a) quickly
(b) completely
(c) easily
(d) effectively

Memo

Unit 4 Business or Formal Letter
(마케팅이나 사업제안 등의 이메일)

■ **Part 4의 소재**
비즈니스와 관련된 이메일이나 개인적인 편지 글의 형식이다. 어떤 제품이나 서비스 상품에 대해 소개하고 설명하면서 수신인으로 하여금 제품을 사거나 서비스를 선택하도록 설득하는 편지 글, 어떠한 사회적 활동에 초대하는 글, 특정 일자리를 지원하는 편지글 등 내용은 다양할 수 있다.

■ **Part 4 풀이 tip**
편지의 목적을 묻는 문제가 주로 첫 번째 문항이며 구체적으로 언급한 사건 혹은 내용에 대한 이유, 특정 기간, 금액, 제품 혹은 서비스를 구매하거나 활동에 참여하고 싶으면 향후 어떻게 해야 하는지를 묻는 질문이 나온다. 편지 상단에 날짜와 함께 수신인이 주소와 직함, 회사 혹은 단체명과 함께 명시된다는 점에 주목한다.

1 문제 01~07

Dear Mr. Wang,

Thank you for your order No. 1555 for our second hand buses, which are ready for shipment. However, we would like to call your attention that we have not received the letter of credit covering the order. The L/C should have reached us by yesterday. Your prompt expedition of L/C in our favor valid until April 30 will be greatly appreciated. Upon receipt of your L/C, we will immediately complete shipping arrangement. Furthermore, in case of loss of L/C due to our fault, we would like to make sure that we have already took out insurance and the indemnification of the loss would be as follows:

01 The shipment is not arranged yet because of _____
   (a) the lack of the insurance document
   (b) the lack of the letter of credit
   (c) the lack of the bill of lading
   (d) the lack of order sheet

02 Which of the following is true about L/C?
   (a) it is valid until August 30
   (b) it should be written by Jennifer Lopez
   (c) it should have reached by yesterday
   (d) the shipping arrangement can be conducted without L/C

03 Which of the following is NOT true?
   (a) the L/C is lost due to the writer's fault
   (b) only with the L/C the shipping arrangement can be conducted
   (c) the writer already took out insurance in the case of the loss of L/C
   (d) the writer did not receive the required document for shipment

04 What is the relationship between Mr. Wang and Jennifer Lopez?
   (a) seller-buyer
   (b) seller-carrier
   (c) buyer-seller
   (d) buyer-carrier

05 Which of the following is true?
   (a) the insured would not be put back into the same financial positon before the loss
   (b) the insurer is liable for the excepted perils
   (c) the insurance policy covers uninsured perils
   (d) the insurer will compensate for the loss

The insurer will be liable for loss due to perils and shall have to make good the losses to the insured. This also means that on the happening of a loss, the insured shall be put back into the same financial position as he used to occupy immediately before the loss. If the peril is insured, the insurer will insure the assured, otherwise not. This means that a policy may cover certain perils mentioned specifically therein (known as insured perils), whilst some perils may be specifically excluded (known as excepted perils) and some may still be neither included nor excluded (known as uninsured perils).

Sincerely yours,

Jennifer Lopez, Sales Rep.

06 In the context of the passage, <u>second hand</u> means
   (a) recently made
   (b) pre-owned
   (c) customized
   (d) double-decker

07 In the context of the passage, <u>peril</u> means_____
   (a) expiration
   (b) mistake
   (c) delivery
   (d) risk

Tony Stark
Penn Central Transportation Co.
Atlanta, 19031

    Whereas you have issued a bill of lading covering the above shipment and the above cargo has been arrived at the above port of discharge, we hereby request you to give delivery of the said cargo to the above mentioned party without presentation of the original bill of lading.

    In consideration of your <u>comply</u>ing with our above request, we hereby agree to indemnify you as follows:

    Expenses which you may sustain by reason of delivering the cargo in accordance with our request, provided that the undersigned Bank shall be exempt from liability for freight, demurrage or expenses in respect of the contract of carriage. As soon as the original bill of lading corresponding to the above cargo comes into our possession, we shall <u>surrender</u> the same to you, whereupon our liability hereunder shall cease.

Edwin Zuckerberg
President
Washington, DC 20901

08 The writer of this letter required_____
   (a) the reader to deliver the cargo to the party which is different with that of the original bill of lading
   (b) the expenses to be compensated by the reader
   (c) the reader to allow the writer's liability to be continued
   (d) the reader not to issue a bill of lading

09 Who could be the writer of this letter?
   (a) seller
   (b) buyer
   (c) carrier
   (d) the manager of the port

10 Who could be the reader of this shipping letter?
   (a) seller
   (b) buyer
   (c) carrier
   (d) the manager of the port

11 Which of the following is NOT true?
   (a) the writer would indemnify the expense of delivering the cargo based on his request
   (b) the reader should keep the cargo until the writer get the original bill of lading
   (c) After the writer get the original bill of lading, his liability would cease
   (d) The undersigned Bank is free from liability for demurrage.

12 Which of the following is true?
   (a) The reader should deliver the cargo to the different port
   (b) Only the writer alone would get the original bill of lading
   (c) The undersigned Bank would pay for the expense of delivery
   (d) The cargo has been delivered by the train

13 In the context of the passage, <u>comply</u> means_____

(a) conform

(b) refuse

(c) protest

(d) cede

14 In the context of the passage, <u>surrender</u> means_____

(a) give up

(b) submit

(c) expunge

(d) modify

Memo

PART 3

문법 모의고사

Unit 1. 문법 모의고사 1회
Unit 2. 문법 모의고사 2회

Unit 1 문법 모의고사 1 회

01 My brother was recently offered a section chief position at his company's Paris branch, but he hesitated to say yes. Given that it would be a major leap in his career, I convinced him _____ the job.

(a) accepting
(b) to have accepted
(c) to accept
(d) having accepted

02 My uncle was driving down the highway on a weekend getaway. He suddenly felt that something was wrong, so he checked his GPS. He realized that he _____ have turned right at the previous intersection, but instead, he had gone straight.

(a) can
(b) should
(c) might
(d) must

03 As a strategy to beat our rival firm, our marketing department headhunted a new public relations manager from London. By the time he is ready to start work, his office _____.

(a) was arranged
(b) had been arranged
(c) has been arranged
(d) will have been arranged

04 Marianne is not a fan of traveling, since she finds it hard to sleep in unfamiliar beds. If she could sleep in strange places without being uncomfortable, she _____ traveling.

(a) is enjoying
(b) would enjoy
(c) has enjoyed
(d) enjoys

05 Heather will have her regular checkup tomorrow morning. As she's going to get a gastroscopy this time, it is imperative that she _____ from food starting from six o'clock tonight.

(a) will abstain
(b) abstain
(c) has abstained
(d) abstained

06 The World Atlas of Night Sky Brightness is a computer-generated map that shows where our planet is lit up at night. This map _____ how serious light pollution is since it was first published in 2016.

(a) has been showing
(b) will have shown
(c) is showing
(d) would be showing

07 This is the first time Ryan has registered to vote. He wants to make an informed choice, so he is researching the candidates. Watching the debates, he thinks that he _____ everyone in the country rich if he were president.

(a) will have made
(b) had made
(c) would make
(d) can make

08 Boris made a huge mistake at the pre-contract meeting. He felt like he had slammed into a brick wall. Even worse, he couldn't help _____ his boss's annoyed face.

(a) to notice
(b) to be noticed
(c) noticing
(d) having noticed

09 Helena was listening to an interview with the L.A. County District Attorney. He said he would issue sentencing enhancements in crimes against children. He promised _____ fighting against crime.

(a) keeping
(b) will keep
(c) to have kept
(d) to keep

10 Robert was annoyed to discover that the hotel laundry had ruined his expensive shirt by burning the collar while ironing it. When his secretary arrives at the lobby, he _____ to the concierge.

(a) complains
(b) will be complaining
(c) was complaining
(d) is complaining

11 William was chosen as the winner of an amateur wildlife photography contest. He spent his prize money on a Canon EF lens. Now he _____ perfectly capture action in low light without too much image noise.

(a) may
(b) will
(c) can
(d) should

12 The tundra is famous for its cold climate, but various species have adapted to the harsh conditions. The tundra's snow melts in summer, providing water for plants. If it weren't for the melting snow, many plants inhabiting the tundra _____.

(a) were not thriving
(b) would not thrive
(c) don't thrive
(d) have not thrived

13 Penny's boss asked her to hand in the weekly website traffic report in person by six o' clock. She finished it in time, but her boss was in a meeting. When her boss finally returned, she _____ for 45 minutes.

(a) was waiting

(b) waited

(c) had been waiting

(d) would have waited

14 Emily booked a table for 10 at Le Fouquet's. Just an hour before the reservation, three people said they could not make it. Emily _____ the restaurant to inform them of the change in the number of people.

(a) has now called

(b) now calls

(c) would now call

(d) is now calling

15 My upstairs neighbor caused a flood in my apartment last week and I have been staying in a hotel ever since. I _____ a movie with a beer in one hand when I got doused with water.

(a) would watch

(b) watched

(c) was watching

(d) had watched

16 Living in her new apartment is becoming extremely stressful for Bella, due to the loud footsteps coming from the apartment above. She thinks that she _____ much happier if no one lived upstairs

(a) could have been

(b) is

(c) would be

(d) will be

17 A recent in-house audit found that Mr. Atkinson had been a corporate spy for two years. The evidence was compelling, but he denied _____ the company's confidential information.

(a) to sell
(b) sell
(c) selling
(d) will sell

18 Classical conditioning—also known as Pavlovian conditioning—was discovered accidently by Russian physiologist Ivan Pavlov. He rang a bell _____. Through this experiment, he found that a stimulus can trigger a conditional response.

(a) that he fed his dogs
(b) however he fed his dogs
(c) who he fed his dogs
(d) whenever he fed his dogs

19 Amelia just got promoted to a higher position and received tons of congratulatory gifts. Among them, a black fountain pen, _____, was her favorite.

(a) which had her name engraved on it
(b) what had her name engraved on it
(c) where had her name engraved on it
(d) what had her name engraved on it

20 Expect heavy traffic in the downtown area tomorrow morning. Two major highways will be closed due to construction work. City officials recommend that you _____ public transportation, if possible.

(a) will use
(b) use
(c) has used
(d) used

21 It took almost twice as long as usual for Emma to drive home from work. She later heard that tons of people were gathering to watch a tree lightning event. Her daughter suggested that she _____ the subway during the holiday season.

(a) use
(b) will use
(c) uses
(d) is using

22 Shawn bought Allan a chicken sandwich and a cup of coffee. The only problem was that he did not know Allan is a vegetarian. If he _____ that, he would have bought a mushroom panini for Allan.

(a) would know
(b) was knowing
(c) knows
(d) had known

23 T&L Electronics discovered some serious defects in their new released model, KE74D. They have issued urgent recalls for more than 2.4 million refrigerators. _____ you have this model, visit their website as soon as possible.

(a) Since
(b) If
(c) When
(d) Although

24 Everyone gives Mr. Whitmore credit for his notable contributions to the department. He is considered a role model for his coworkers. _____, every manager agreed to choose him as the employee of the year.

(a) Instead
(b) Regardless
(c) In fact
(d) However

25 Georgina was exhausted after she came home late from a rock concert. The concert was so jam-packed that she almost suffocated. If she had known half the city would be there, she _____ home.

(a) stayed
(b) was staying
(c) would have stayed
(d) could stay

26 The British Museum provides visitors with audio guides, which feature 275 expert commentaries on select objects in 10 languages, including Korean and Spanish. This audio content enables visitors _____ the museum more thoroughly.

(a) to explore
(b) to have explored
(c) exploring
(d) having explored

Unit 2 문법 모의고사 2회

01 Here are some tips if you are planning to visit Napa Valley. First, visit during the offseason, when the hotels have cheap deals. Second, you might want to leave your kids at home, _____ the region's tourism focuses on wine.

(a) while
(b) as long as
(c) unless
(d) because

02 Electricity is the power source for computers, elevators, and almost every form of technology in homes, businesses, and factories. If humanity were to lose electricity, the world _____ functioning.

(a) will stop
(b) had stopped
(c) would stop
(d) would have stopped

03 Anabella called the police after seeing signs that someone may have broken into her house while she was out. The officer suggested that she _____ at a friend's house for the night.

(a) stay
(b) to stay
(c) stays
(d) will stay

04 It was the official opening day of the Houston Symphony's season. Renata was supposed to interview two cellists before the show started. When she arrived at the concert hall, the other musicians _____.

(a) tunes their instruments
(b) were tuning their instruments
(c) would tune their instruments
(d) is tuning their instruments

05 Some children are born with a congenital heart deformity, but the high cost of medical procedures can be a huge burden for families. Our foundation _____ medical assistance to these families for 40 years now.

(a) will provide
(b) provides
(c) is providing
(d) has provided

06 Many of our neighbors' homes have been damaged by the hurricane. If you are interested in supporting people who have been affected by this tragedy, we encourage you _____ to the community relief fund.

(a) to donate
(b) to have donated
(c) having donated
(d) donating

07 Greg was driving on an empty road when he noticed a car approaching from behind him. The other driver came up right behind Greg's car and then began _____ his horn repeatedly.

(a) to honk
(b) will honk
(c) to have honked
(d) honk

08 Janet was thrilled to try Eataly, a newly opened restaurant on Bay Street. When she got there, she was met by a massive queue. She waited for an hour to be seated. As she had her first bite, she realized the food was worth _____.

(a) wait for
(b) to wait for
(c) waited for
(d) waiting for

09 Tony and Angela seemingly make a perfect couple, but I am literally sick of them having the same argument over and over. Yesterday, they _____ for 30 minutes before I finally split them up.

(a) argue
(b) have argued
(c) had been arguing
(d) are arguing

10 Jake is waiting in line at a fast-food restaurant. The couple at the front of the line is having a hard time _____ what to get and holding up the line. Jake is starting to get annoyed.

(a) deciding
(b) having decided
(c) to decide
(d) to be decided

11 I came into the office this morning to find my mug broken. It was a limited Christmas edition. I am still waiting for the person _____ to own up and apologize.

(a) who broke it after I left yesterday
(b) when they broke it after I left yesterday
(c) which they broke after I left yesterday
(d) what they broke after I left yesterday

12 When I finally arrived at the Gershwin Theater, the performance of Wicked had already started. If a rude guy _____ the cab I was about to get into, I would have arrived in time.

(a) would not snatch
(b) was not snatching
(c) did not snatch
(d) had not snatched'

13 Last week, an Olympic champion pleaded guilty to using steroids. Our coach gathered our team during the morning assembly and demanded that everyone _____ illegal drugs.

(a) will avoid
(b) avoid
(c) is avoiding
(d) avoids

14 I took my phone to the shop for repairs last weekend, as there was a flickering dot on the screen. I picked it up this morning, but the dot is still there. They _____ not have inspected it very closely.

(a) would
(b) should
(c) must
(d) will

15 Fred was suffering from a severe sore throat and was barely able to swallow. His boss, Kathrine, however, asked him to lead a meeting. If Fred had told her about his throat, she _____ him meeting leader.

(a) did not appoint
(b) was not appointing
(c) have not appointed
(d) would not have appointed

16 Veriphy Technology has performed very well this year, generating huge profits. The company's executives guarantee that they _____ reward the employees for all their hard work with a generous bonus.

(a) can
(b) should
(c) will
(d) may

17 Brandon and his family survived a terrible car accident. Last night, a sleepy truck driver drove into their car on the highway. They _____ if the paramedics hadn't arrived so quickly.

(a) died
(b) have died
(c) had died
(d) might have died

18 The government has decided to rescind a policy that would have required international students to leave the country if they were enrolled in online courses only. If the policy _____, it could have forced international students to return home in the middle of their studies.

(a) implemented
(b) was implemented
(c) had been implemented
(d) have been implemented

19 James went to Susie's house, but she wouldn't open the door. She was so angry that she said she never wanted to see him again. If he had apologized in the first place, she _____ him.

(a) forgives
(b) has forgiven
(c) would forgive
(d) would have forgiven

20 Education experts warn that the school shutdown will widen the education gap between rich and poor students. Schools _____ to provide online classes since the coronavirus pandemic began, but it is difficult to keep students engaged in online learning situations.

(a) have been trying
(b) are trying
(c) will try
(d) try

21 The tragic death of a sports star has left his fans shocked. An autopsy revealed that he _____ illegal drugs for a long period of time. Many people now question every record he set.

(a) was taking
(b) had been taking
(c) have been taking
(d) would be taking

22 Today is Hailey and Will's 20th wedding anniversary. The couple burst out laughing as they recalled the first day they met. Hailey was driving home in a car she _____ when Will crashed into it from behind.

(a) would just buy
(b) was just buying
(c) have just bought
(d) had just bought

23 Scientists have found that some animals that live in the African grasslands, such zebras, antelope, and gnus, often gather near giraffes to protect themselves from predators. Thanks to their extreme height and sharp vision, _____ danger in the distance, the giraffes have a better view of the surrounding area.

(a) that make it easier for them to spot
(b) who make it easier for them to spot
(c) which make it easier for them to spot
(d) where make it easier for them to spot

24 Puffer fish contain a toxic substance that makes them deadly to other species, including humans. One puffer fish may contain enough poison to kill 30 adult humans. There is no known antidote available; _____ people should be aware of the potential risks of eating puffer fish.

(a) meanwhile
(b) hence
(c) however
(d) even though

25 Your interview is scheduled for next Wednesday at 10 o'clock. When you come to the interview, please bring the documents you attached to your application. If you want to reschedule your interview, you _____ contact us at least two days in advance.

(a) can
(b) will
(c) may
(d) should

26 The term "confirmation bias" refers to our tendency to accept information that confirms our beliefs and ignore contradictory information. Confirmation bias affects our decision making by preventing us from _____ data as it is.

(a) interpret
(b) to interpret
(c) interpreting
(d) interpreted

부록

정답 및 해설

PART 1. 문법
PART 2. 독해
PART 3. 문법 모의고사

PART 1 문법

Unit 1 시제 – EXERCISE

01 [정답] Ⓒ
[해설] when S+과거동사 표현이 있으므로 과거진행 시제가 적절하다.
[해석] 네가 나에게 전화했을 때 나는 샤워하던 중 이었다.

02 [정답] Ⓓ
[해설] when S+과거동사 표현이 있으므로 과거진행 시제가 적절하다.
[해석] 그는 사람들이 서로에게 소리 지르는 소리를 들었을 때 설거지를 하던 중 이었다.
[어휘] yell 소리 지르다.

03 [정답] Ⓐ
[해설] 현재를 가리키는 right now가 있으므로 현재진행 시제가 적절하다.
[해석] 지금 벨소리가 울리고 있다.

04 [정답] Ⓐ
[해설] next year에서 미래시제임을 알 수 있고, 기간을 나타내는 for 10 years가 있으므로 미래완료 시제가 적절하다.
[해석] 내년이면 우리가 런던에서 산지 10년째가 된다.

05 [정답] Ⓒ
[해설] in 2019 (in 년도) 표현이 있으므로 과거진행 시제가 적절하다.
[해석] 2019년도에 60달러에 접근하던 유가는, 최근에 빠르게 하락했다.
[어휘] price of oil 유가 approach 접근하다 fall 떨어지다, 하락하다

06 [정답] Ⓓ
[해설] Mary는 또 이웃들에 대해서 불평하고 있다.
[어휘] complain 불평하다

07 [정답] Ⓑ
[해설] by the end of this year (올해 말 쯤)에서 미래시제임을 알 수 있고 for three years는 기간을 나타내는 표현이므로 미래완료 시제가 적절하다.
[해석] 올해 말이 되면 내가 영어를 공부한지 3년째가 된다.

08 [정답] ⓓ
[해설] when S+과거동사 표현이 있으므로 과거진행 시제가 적절하다.
[해석] 내가 집에 도착했을 때 그녀는 음악을 듣고 있었다.

09 [정답] ⓐ
[해설] By the time S+현재시제 (S가 V할 때쯤이면) 표현이 있으므로 미래시제가 필요하다.
[해석] 엄마가 공항에 도착할 때쯤이면, 나는 동생과 함께 그녀를 기다리고 있을 것이다.

10 [정답] ⓑ
[해설] When S+현재시제 (S가 V할 때) 표현이 있으므로 미래시제가 필요하다.
[해석] Sera가 집에 도착하면 엄마는 점심을 준비하는 중일 것이다.

11 [정답] ⓒ
[해설] since then (그때 이후로 지금까지)라는 기간표현이 있으므로 완료시제가 필요하다.
[해석] 많은 소셜 미디어 스타들이 그때부터 소비자들을 끌어들이기 위해 소셜 미디어 플랫폼에서 광고 및 상품 판매 방법을 사용해오고 있다.
[어휘] method 방법 advertising 광고 goods 물건, 상품 attract 끌어들이다 consumer 소비자

12 [정답] ⓐ
[해설] 문장 전체의 동사인 said (~라고 말했다)가 과거시제이므로 빈칸을 포함한 문장이 과거에 발생했음을 알 수 있다. 따라서 과거진행시제를 정답으로 고른다.
[해석] 익명의 내무부 관리는 조사관들이 억류자들의 은행계좌를 조회하고 있다고 말했다.

13 [정답] ⓓ
[해설] for over ten years (10년이 넘는 시간 동안)이라는 기간표현이 있으므로 완료시제가 적절하다.
[해석] 그는 나의 지역에서 10년 넘게 차를 팔아 왔었다.

14 [정답] ⓓ
[해설] when S+과거시제가 있으므로 과거진행시제가 필요하다.
[해석] 내가 그녀를 우연히 마주쳤을 때 나는 길거리를 따라 걷고 있었다.
[어휘] along ~를 따라서 bump into (우연히) 마주치다

15 [정답] ⓐ
[해설] for two hours (두 시간 동안)이라는 기간표현이 있으므로 완료진행 시제가 필요하다.
[해석] 내가 방에 들어갔을 때 그는 두 시간째 책을 읽고 있었다.
[어휘] enter 들어가다

16 [정답] ⓓ
    [해설] since school days (학창 시절부터)라는 기간표현이 있으므로 완료진행 시제가 필요하다. 그러나 뒷문장에서 작년에 담배피우는 것을 끊었다는 내용이 이어지므로 현재완료 진행이 아니라 과거완료 진행을 정답으로 한다.
    [해석] 그는 학창 시절부터 담배를 피웠으나, 그것을 작년에 포기했다.
    [어휘] give up 포기하다, 그만두다

17 [정답] ⓑ
    [해설] for 20 years (20년 동안)이라는 기간표현이 있으므로 완료진행시제가 적절하다.
    [해석] 그는 20년 동안 컨설턴트로 일해왔다.

18 [정답] ⓑ
    [해설] 반대로, 우리는 가계가 경기 침체의 여파를 피할 수 있도록 할 수 있는 모든 일을 하고 있다.
    [어휘] household 가계 avoid 피하다 aftermath 여파 recession 경기 침체

19 [정답] ⓓ
    [해설] by this time next year (내년 이맘때쯤이면)이라는 미래 표현이 있으므로 미래진행시제가 적절하다.
    [해석] 내년 이맘때쯤이면 그녀는 내 자리를 대신하고 있을 것이다.

Unit 2   가정법 - EXERCISE

01   [정답] ⓓ
    [해설] 가정법 과거완료
    [해석] 만약 날씨가 좋았더라면, 나는 하이킹을 갈 수 있었을 텐데.

02   [정답] ⓓ
    [해설] 가정법 과거
    [해석] 만약 우리가 차를 가지고 있다면, 쇼핑몰에 갈 수 있을 텐데.

03   [정답] ⓑ
    [해설] 혼합 가정법
    [해석] 만약 그녀에게 쉴 시간이 더 많았다면, 지금 기분이 더 나을 텐데.
    [어휘] rest 휴식을 취하다

04   [정답] ⓐ
    [해설] 가정법 과거완료
    [해석] 만약 내가 열심히 일했었다면, 나는 부자가 됐을 텐데.

05   [정답] ⓓ
    [해설] 가정법 과거
    [해석] 만약 물이 없다면, 모든 생물들은 사라질 텐데.

06   [정답] ⓑ
    [해설] 가정법 과거완료
    [해석] 만약 그가 다른 사람들에게 착하게 굴었었다면, 그가 크래용을 빌릴 수 있었을 텐데.

07   [정답] ⓒ
    [해설] 가정법 과거완료
    [해석] 만약 네가 10분 늦게 도착했다면, 막차를 잡을 수 없었을 텐데.

08   [정답] ⓐ
    [해설] 가정법 과거
    [해석] 만약 그가 한국인이었다면 그런 식으로 행동하지 않았을 텐데.
    [어휘] behave 행동하다 like that 그런 식으로

09   [정답] ⓑ
    [해설] 가정법 과거완료
    [해석] 만약 내가 그의 주소를 세달 전에 알았었더라면, 그에게 꽃을 보냈을 텐데.

10 [정답] ⓑ
[해설] 가정법 과거완료
[해석] 만약 Kate가 충분히 자격이 있었다면, 그녀는 새로운 시스템에 빠르게 적응했을 텐데.
[어휘] qualified 자격을 갖춘 adapt 적응하다

11 [정답] ⓒ
[해설] 가정법 과거
[해석] 만약 그가 일을 적절하게 완수했다면, 그는 비난받지 않았을 텐데.
[어휘] complete 완수하다 properly 적절하게 criticize 비난하다

12 [정답] ⓓ
[해설] 가정법 과거완료
[해석] 내 생각에는, 그가 자신이 망친 일에 대해 사과할만한 예절을 가지고 있었다면, 우리는 서로 훨씬 더 잘 지낼 수 있었을 텐데.
[어휘] get along with ~와 잘 지내다 decency 품위, 예절 apologize 사과하다 mess up 망치다

13 [정답] ⓐ
[해설] 가정법 과거완료
[해석] 그의 조력이 없었다면, 우리 팀이 이기지 못했을 것이다.
[어휘] assist 조력, 도움

14 [정답] ⓒ
[해설] 가정법 과거완료
[해석] 만약 정부가 대중교통 시스템에 더 많은 투자를 했더라면, 우리는 도시에서 다른 도시로 이동하는 데 문제가 없었을 텐데.
[어휘] administration 행정부, 정부 invest 투자하다 public transportation system 대중교통 시스템 have problem 어려움을 겪다

15 [정답] ⓒ
[해설] 가정법 과거
[해석] 만약 정부가 소비를 촉진하고 싶다면, 현재 지나치게 낮은 면세 한도를 늘리는 것이 더 나을 것이다.
[어휘] duty free allowance 면세 한도 excessively 과도하게 boost 강화시키다, 촉진시키다 consumption 소비

Unit 3 주요명제 공식 - EXERCISE

01 [정답] Ⓓ
[해설] lose - lost - lost (잃다)
[해석] 나는 Jane이 건강을 위해 몸무게를 빼야 한다고 조언했다.

02 [정답] Ⓐ
[해설] take - took - taken (취하다, 하다)
[해석] 의사는 내가 매일 산책을 해야 한다고 주장했다.

03 [정답] Ⓐ
[해설] be동사의 동사원형은 'be'이다.
[해석] 상황은 회장이 회의에 참석할 것을 요구했다.
[어휘] be present 참석하다

04 [정답] Ⓒ
[해설] be동사의 동사원형은 'be'이다.
[해석] 그녀가 규율 하에 있는 것이 필요하다.

05 [정답] Ⓑ
[해설] be동사의 동사원형은 'be'이다.
[해석] 그들은 동성 간 결혼이 합헌이 되어야 한다고 주장했다.
[어휘] constitutional 합헌적인

06 [정답] Ⓒ
[해설] retreat - retreated - retreated (후퇴하다)
[해석] 군사들이 전쟁에서 후퇴하지 않는 것은 당연한 일이다.

07 [정답] Ⓓ
[해설] take - took - taken
[해석] 그 협회가 역사적 건축물에 더 돌봐야 것이 필수적이다.
[어휘] institution 협회 take care of 돌보다, 신경 쓰다

08 [정답] Ⓐ
[해설] keep - kept - kept (유지하다, 보유하다)
[해석] 그는 회계사가 전체 비용의 기록을 보유해야 한다고 제안했다.
[어휘] accountant 회계사 whole expense 전체 비용

09 [정답] ⓒ
[해설] despise – despised – despised (경멸하다)
[해석] 관리자는 모든 주민이 다른 인종의 사람들을 경멸해서는 안 된다고 요구했다.
[어휘] resident (거)주민

10 [정답] ⓒ
[해설] confirm – confirm – confirm (확인하다, 확정하다)
[해석] 그의 부하가 월요일 이전에 예약을 확정하는 것이 중요하다.
[어휘] subordinate 부하, reservation 예약

11 [정답] ⓓ
[해설] take – took – taken
[해석] Jason은 그녀의 아들이 비행기에 탑승하기 전에 메스꺼움에 대한 약을 먹을 것을 제안했다.
[어휘] nausea 메스꺼움, board 탑승하다

12 [정답] ⓐ
[해설] be동사의 동사원형은 'be'이다.
[해석] 우리는 세금이 아동들이 더 건강한 활동에 참여하도록 유도하는 데 사용되기를 요청했다.
[어휘] tax payers' money 납세자의 돈, 세금 encourage 유도하다, 격려하다

13 [정답] ⓑ
[해설] be동사의 동사원형은 'be'이다.
[해석] 사다리는 미끄러지지 않는 안전 발이 달려있어야 하며, 단단하고 평평한 지면에 세워야 한다.
[어휘] ladder 사다리 be equipped with ~를 갖추다 non-skid safety feet 미끄럼 방지 안전발
be placed on ~에 놓이다 firm 단단한 level 평평한 surface 지표면, 지면

14 [정답] ⓑ
[해설] get – got – got 또는 gotten
[해석] 지적재산권 침해에 대한 처벌은 더 무거워져야 하는 것이 의무적이다.
[어휘] penalty 처벌 Intellectual Property Rights 지적재산권 infringement 침해

15 [정답] ⓒ
[해설] promote – promoted – promoted (촉진하다, 돕다)
[해석] 위원회는 학교는 강한 정신력을 성장시켜야 하며 인격 성장을 위해 도와야 한다고 요구했다.
[어휘] committee 위원회 mental growth 정신력 성장 aid 돕다 personal character 인격, 개인의 성격

Unit 4 부정사와 동명사 – EXERCISE

01 [정답] to dock
[해설] expect는 부정사를 목적격 보어로 취하는 5형식 동사이다.
[해석] 그 배는 6시에 도착할 예정이다.
[어휘] ferry 배, 여객선

02 [정답] working
[해설] mind는 동명사를 목적어로 취하는 3형식 동사이다.
[해석] 그는 밤에 일하는 것을 꺼리지 않는다.

03 [정답] finding
[해설] have difficulty Ving : ~하느라 고생하다
[해석] 그는 그녀의 사무실을 찾느라 고생했다.

04 [정답] Surfing
[해설] 주어자리엔 동명사를 쓴다.
[해석] 인터넷 서핑은 재미있다.

05 [정답] to calmly discuss
[해설] agree는 부정사를 목적어로 취하는 3형식 동사이다.
[해석] 나는 그 문제에 대해 차분하게 논의하는 것에 동의했다.

06 [정답] spending
[해설] 전치사를 동명사를 목적어로 취한다.
[해석] 그는 일본 프로 야구(NPB)에서 요미우리 자이언츠와 5시즌을 보낸 후, 버팔로스로 이적했다.

07 [정답] to join
[해설] encourage는 부정사를 목적격보어로 취하는 5형식 동사이다.
[해석] 그는 내가 가족 소프트볼 게임에 참여하도록 격려했다.

08 [정답] to comply with
[해설] 부정사의 형용사적 용법이다
[해석] 규정을 준수하지 않으면 기소될 것이다.
[어휘] comply with 준수하다 regulation 규정 result in ~를 낳다 prosecution 기소

09 [정답] figuring out
[해설] have difficulty Ving : ~하느라 고생하다
[해석] 그들은 범인이 누구인지 알아내느라 고생했다.
[어휘] figure out 파악하다, 알아내다

10 [정답] playing
    [해설] spend 시간/돈/노력 Ving : ~하는 데에 시간/돈/노력을 쓰다
    [해석] 10대들이 컴퓨터 게임을 하는 데에 너무 많은 시간을 쓴다고 보고되었다.

11 [정답] to worry
    [해설] tell은 부정사를 목적격보어로 취하는 5형식 동사이다.
    [해석] 나는 아이들이 미래에 대해 걱정하는 것이 아니라 그것에 대비하라고 이야기 한다.

12 [정답] to believe
    [해설] hesitate는 부정사를 목적어로 취하는 3형식 동사이다.
    [해석] 나는 잠깐 동안 내가 들은 것을 믿어야 할지 주저했다.

13 [정답] destroying
    [해설] 전치사는 동명사를 목적어로 취한다.
    [해석] 컴퓨터는, 직장을 피괴하기는커녕, 일자리를 창출할 수 있다.
    [어휘] far from ~하기는커녕, ~하는 것이 아니라

14 [정답] getting up
    [해설] 전치사는 동명사를 목적어로 취한다.
    [해석] 나는 매일 아침 일어나기 전에 노래를 듣는다.

15 [정답] reading
    [해설] be worth Ving : ~할만한 가치가 있다
    [해석] 이 기사는 반복해서 읽을만한 가치가 있다.
    [어휘] article 기사 repeatedly 반복해서

16 [정답] seeing
    [해설] give up은 동명사를 목적어로 취하는 3형식 동사이다.
    [해석] 나는 그를 다시 만나는 것을 포기했다.

17 [정답] playing
    [해설] enjoy는 동명사를 목적어로 취하는 3형식 동사이다.
    [해석] 나는 지난여름에 축구를 즐겼다.

18 [정답] passing
    [해설] 주어 자리에는 동명사를 쓴다.
    [해석] 그녀는 시험에 합격한 것이 정말 기분 좋게 만들어 주었다고 말했다.
    [어휘] give a lift 사기를 북돋워주다, 기분 좋게 만들다

19 [정답] to surrender
    [해설] force는 부정사를 목적격보어로 취하는 5형식 동사이다.
    [해석] 그는 반란군들이 항복하도록 강요했다.
    [어휘] rebel soldier 반란군 surrender 항복하다

20 [정답] watching
    [해설] 전치사는 동명사를 목적어로 취한다.
    [해석] 나는 야구를 전혀 할 줄 모르지만, 경기를 보는 것은 매우 좋아한다.
    [어휘] be fond of ~를 좋아하다

21 [정답] to have
    [해설] ask는 부정사를 목적격보어로 취하는 5형식 동사이다.
    [해석] 그는 그들이 공손한 태도를 가지기를 요구했다.
    [어휘] polite 공손한, 예의 있는 attitude 태도

22 [정답] making
    [해설] 주어 자리에는 동명사를 쓴다.
    [해석] 시기적절한 결정을 내리는 것은 쉽지 않다.
    [어휘] make a decision 결정을 내리다 timely 시기적절한

23 [정답] to be
    [해설] pretend는 부정사를 목적어로 취하는 3형식 동사이다.
    [해석] 드라마에서, 그녀는 남자인 척 했던 재능 있는 예술가인 신윤복을 연기했다.
    [어휘] gifted 재능 있는

24 [정답] to control
    [해설] 부정사의 형용사적 용법이다.
    [해석] 그녀는 화를 통제하려는 노력을 했다.
    [어휘] make an effort 노력하다 anger 화

25 [정답] to wear
    [해설] tend는 부정사를 목적어로 취하는 3형식 동사이다.
    [해석] 상사는 직원들의 옷차림에는 신경을 쓰지 않아서, 나는 편하게 옷을 입는 경향이 있다.

26 [정답] to accept
    [해설] get은 부정사를 목적격보어로 취하는 5형식 동사이다.
    [해석] 나는 그가 네 제안을 받아들이도록 만들 수 있다.

27 [정답] having
    [해설] admit은 동명사를 목적어로 취하는 3형식 동사이다.
    [해석] 북한은 우라늄 프로그램을 가지고 있는 것을 인정했다.

28 [정답] to go
    [해설] want는 부정사를 목적어로 취하는 3형식 동사이다.
    [해석] 만약 그가 집에 가길 원한다면, 그렇게 할 것이다.

29 [정답] playing
    [해설] be busy (in) Ving : ~하느라 바쁘다
    [해석] 그는 컴퓨터 게임을 하느라 바쁘다.

30 [정답] taking
    [해설] consider은 동명사를 목적어로 취하는 3형식 동사이다.
    [해석] 그는 병원에 대해 법적 대응을 취할 것을 고려중이다.
    [어휘] take actions 조치를 취하다 legal 법적인

31 [정답] to be
    [해설] decide는 부정사를 목석어로 취하는 3형식 동사이다.
    [해석] 나는 고등학생일 때 영어선생님이 되겠다고 결심했다.

32 [정답] to boost
    [해설] decide는 부정사를 목적어로 취하는 3형식 동사이다.
    [해석] 우리는 2030년 말까지 총 전력 생산의 20%를 재생 가능 에너지로 늘리기를 희망한다.
    [어휘] boost 증가시키다 renewable energy 재생가능 에너지

33 [정답] to use
    [해설] 부정사의 형용사적 용법이다.
    [해석] 인슐린 중 어느 하나를 사용할지 결정하는 것은 환자를 진료한 의사에게 달려있다.

34 [정답] to examine
    [해설] seek은 부정사를 목적어로 취하는 3형식 동사이다.
    [해석] 변호사들은 파산한 회사의 장부를 조사하려고 했다.

35 [정답] to improve
    [해설] allow는 부정사를 목적격보어로 취하는 5형식 동사이다.
    [해석] 그는 시즌마다 꾸준히 발전할 수 있도록 해 준 열정과 직업윤리를 가지고 있다.
    [어휘] desire 열정 work ethic 직업윤리 improve 발전하다, 개선되다 continually 꾸준하게

36 [정답] to prevent
    [해설] 부정사의 형용사적 용법이다.
    [해석] 세금 회피와 탈세를 방지하는 가장 좋은 방법은 회피하고 탈세할 세금을 적게 만드는 것이다.
    [어휘] prevent 예방하다, 방지하다 tax avoidance and evasion 세금 회피 및 탈세

Unit 5 관계사 - EXERCISE

01 [정답] ⓒ
[해설] I study English는 완벽한 문장이므로 관계부사가 필요하다.
[해석] 내가 매일 오후마다 공부하는 도서관은 강이 보이는 아름다운 전망을 가지고 있다.

02 [정답] Ⓐ
[해설] you met yesterday는 목적어가 빠진 불완전한 문장이므로 목적격 관계대명사가 필요하다.
[해석] 네가 어제 만난 Stella가 내 임무를 떠맡을 것이다.
[어휘] take over 떠맡다 duty 의무

03 [정답] Ⓑ
[해설] you can eat fresh food는 완벽한 문장이므로 관계부사가 필요하다.
[해석] 신선한 음식을 덜 비싸게 먹을 수 있는 다른 식당들도 있다.
[어휘] expensively 비싸게

04 [정답] ⓒ
[해설] contains a lot of minerals는 주어가 빠진 불완전한 문장이므로 주격관계대명사가 필요하다.
[해석] 많은 미네랄을 함유한 토양이 훨씬 더 비옥하다.
[어휘] soil 토양 contain 포함하다, 함유하다

05 [정답] Ⓐ
[해설] they had political debates은 완벽한 문장이므로 관계부사가 필요하다.
[해석] 서독은 정치적 논쟁을 벌이던 때에도 동독에 대한 인도적 지원을 멈추지 않았다
[어휘] humanitarian aid 인도적 지원 during ~하는 동안 political debate 정치적인 논쟁

06 [정답] Ⓓ
[해설] have hangers for baby bassinets는 주어가 빠진 불완전한 문장이므로 주격 관계대명사가 필요하다.
[해석] 나는 아기 요람을 걸 수 있는 행거가 있는 앞쪽 두 좌석을 예약할 것이다.
[어휘] reserve 보유하다, 예약하다 hanger 행거

07 [정답] Ⓐ
[해설] we see on the wreck은 목적어가 빠진 불완전한 문장이므로 목적격관계대명사가 필요하다. things는 사람이 아니므로 who나 whom은 불가능하다.
[해석] 난파선에 있는 물건들을 하나하나 보고 있으면 죽어간 1천177명 개개인이 생각난다.
[어휘] wreck 난파선 remind 생각나게 하다

08 [정답] Ⓑ
[해설] own estates in New York and Detroit는 주어가 빠진 불완전한 문장이므로 주격관계대명사가 필요하다. 선행사인 those는 문맥상 '~한 사람들'이라고 해석되어 사람을 지칭하므로 who가 적절하다.
[해석] 정부는 뉴욕과 디트로이트의 부동산 소유자에게 부동산 세율을 3.2%까지 올릴 것이다.
[어휘] raise 올리다 the real estate tax rate 부동산 세율 those who ~한 사람들 own 소유하다 estate 부동산, 토지

09 [정답] Ⓒ
[해설] he met in Africa는 목적어가 빠진 불완전한 문장이므로 목적격 관계대명사가 필요하다.
[해석] 그는 돌아왔을 때, 자신이 아프리카에서 만난 사람들의 친절함에 대해 이야기 했다.
[어휘] friendliness 친절함

10 [정답] Ⓑ
[해설] conducted the ground-breaking research는 주어가 빠진 불완전한 문장이므로 주격 관계대명사가 필요하다.
[해석] 재생 가능 에너지에 관한 획기적인 연구를 수행한 과학자는 국제 학회에서 그녀의 연구 결과를 발표했다.
[어휘] conduct 실시하다 ground-breaking 획기적인 renewable energy 재생 가능한 에너지 present 발표하다 finding 연구 결과

11 [정답] Ⓒ
[해설] stem stores water은 완벽한 문장이다. 선행사와 stem 사이에 소유의 관계가 성립하므로 소유격 관계대명사가 필요하다.
[해석] 선인장은 줄기에 수분을 저장하는 가시투성이의 식물이다.
[어휘] cactus 선인장 prickly 가시투성이의 stem 줄기 store 저장하다

12 [정답] Ⓓ
[해설] had been deeply influenced는 주어가 빠진 불완전한 문장이므로 주격 관계대명사가 필요하다. social conditions가 사람이 아니므로 who는 불가능하다.
[해석] 그는 물질만능주의에 깊이 영향 받은 사회의 상태에 대해 걱정했다.
[어휘] be worried about ~에 대해 걱정하다 social condition 사회의 상태 influence 영향을 미치다 materialism 물질만능주의

13 [정답] Ⓑ
[해설] they did는 목적어가 빠진 불완전한 문장이므로 목적격 관계대명사가 필요하다.
[해석] 인디언들은 정착민들에게 어떻게 곡식을 재배하는지를 보여주었는데, 그들은 그렇게 했고 그것 덕분에 그들은 살아남을 수 있었다.
[어휘] settler 정착민 plant 경작하다, 심다 crop 곡식, 곡물 be able to V ~할 수 있다

14 [정답] Ⓓ
[해설] her brother was staying은 완벽한 문장이므로 관계부사가 필요하다.
[해석] 그녀는 자기 동생이 머무르고 있던 장소를 이야기하길 거부했다.
[어휘] refuse 거부하다 divulge 발설하다, 폭로하다

15 [정답] ⓓ
[해설] took about three months는 주어가 빠진 불완전한 문장이므로 주격관계대명사가 필요하다.
[해석] David는 또한 3개월에 걸쳐 모든 가사를 모아서 그것을 나에게 보내줬다.
[어휘] gather 모으다 lyric (노래) 가사

16 [정답] ⓐ
[해설] communicate their satisfaction to me는 주어가 빠진 불완전한 문장이므로 주격관계대명사가 필요하다.
[해석] 나는 나의 성공을 나에게 만족을 표현하는 만족한 고객들과 반복적으로 내 호텔을 방문하는 만족한 손님들로 판단한다.
[어휘] measure 측정하다 satisfied 만족한 customer 소비자 communicate 표현하다 satisfaction 만족감 repeatedly 반복적으로

17 [정답] ⓓ
[해설] violates the law는 주어가 빠진 불완전한 문장이므로 주격관계대명사가 필요하다.
[해석] 법을 위반한 기업은 1차 위반 시 300만원, 2차 위반 시 400만원, 3차 위반 시 500만원의 벌금을 내게 된다.
[어휘] company 회사 violate 위반하다 offense 위반 violation 위반

18 [정답] ⓒ
[해설] lived above the point는 주어가 빠진 불완전한 문장이므로 주격관계대명사가 필요하다.
[해석] 구조대원들은 탐지견들과 함께 토요일 폭발이 일어난 지점 위에 거주했던 여성이 잔해 속에 있다고 믿고 그 여성을 찾기 위해 수색을 진행했다.
[어휘] rescue worker 구조대원 sniffer dog 탐지견 search for ~를 찾다, 수색하다 missing 실종된 above ~위에 explosion 폭발 rubble 잔해

Unit 6 조동사 – EXERCISE

01 [정답] Ⓑ

02 [정답] Ⓓ

03 [정답] Ⓒ

04 [정답] Ⓐ

05 [정답] Ⓒ

06 [정답] Ⓑ

07 [정답] Ⓐ

08 [정답] Ⓒ

09 [정답] Ⓓ

10 [정답] Ⓓ

11 [정답] Ⓐ

12 [정답] Ⓑ

13 [정답] Ⓒ

14 [정답] Ⓐ

15 [정답] Ⓓ

16 [정답] Ⓐ
[해석] 나는 다음 여름에 유럽 여행을 계획하고 있다. 여러 나라를 방문하고 싶다면 돈을 더 많이 저축해야 한다.

17 [정답] Ⓑ
[해석] 존은 며칠 동안 몸이 좋지 않았다. 그는 상태가 악화되기 전에 병원에 가야 한다.

18 [정답] ⓒ
    [해석] 하늘이 어두운 구름으로 가득 차 있다. 비가 올지도 모르니 우산을 가져가는 것이 좋겠다.

19 [정답] Ⓑ
    [해석] Lisa는 다음 주에 중요한 시험이 있다. 그녀는 높은 점수로 합격하려면 열심히 공부해야 한다.

20 [정답] Ⓓ
    [해석] 나는 어디에서도 열쇠를 찾을 수 없고 어디에 있는지도 모르겠다. 그것들이 차 안에 있을 수도 있으니 가서 확인해 봐야겠다.

21 [정답] Ⓑ
    [해석] Emma는 도시에서 새로운 직장을 얻었다. 그녀는 제시간에 기차를 타려면 더 일찍 일어나야 한다.

22 [정답] ⓒ
    [해석] Eden은 다음 월요일에 직장에서 중요한 발표를 한다. 그는 동료들과 관리자들에게 좋은 인상을 줄 수 있도록 명확하고 자신감 있게 말하는 연습을 해야 한다.

Unit 7 연결사 – EXERCISE

01 [정답] ⓒ
[해설] 빈칸 뒤에 문장이 이어지므로 접속사가 필요하다.
[해석] 합의에 이르기는 했지만 분해서 웅성거리는 소리들을 아직도 들을 수 있다.
[어휘] agreement 합의 rumble 웅성거리는 소리 resentment 분노

02 [정답] ⓒ
[해설] 빈칸 뒤에 콤마와 함께 문장이 이어지므로 접속부사가 필요하다.
[해석] 그는 시험에 합격해서 매우 행복했다. 동시에, 그의 부모님도 그가 원하는 모든 것을 할 수 있게 되어 기뻤다.

03 [정답] Ⓑ
[해설] 빈칸 뒤에 명사가 이어지므로 전치사가 필요하다.
[해석] 마지막 문제만 제외하고 시험을 다 보았다.

04 [정답] Ⓐ
[해설] 빈칸 뒤에 명사가 이어지므로 전치사가 필요하다.
[해석] 2030세대 10명 중 6명 이상은 주로 재정난으로 인해 결혼과 출산을 필요하지 않다고 보는 것으로 월요일 조사 결과 나타났다.
[어휘] financial pressure 재정적 압박

05 [정답] Ⓓ
[해설] 빈칸 뒤에 문장이 이어지므로 접속사가 필요하다.
[해석] 우리가 집에 도착했을 때쯤에는 날이 상당히 어두워져 있었다.

06 [정답] Ⓑ
[해설] 빈칸 뒤에 콤마와 함께 문장이 이어지므로 접속부사가 필요하다.
[해석] 그 레스토랑은 비싸고, 음식도 좋지 않았다. 게다가 서비스는 끔찍했다.

07 [정답] Ⓐ
[해설] 빈칸 뒤에 콤마와 함께 문장이 이어지므로 접속부사가 필요하다.
[해석] Bob은 요트에서 혼자 15개월을 보냈다. 그 동안, 그의 와이프인 Ann은 혼자서 아이들을 돌보았다.

08 [정답] ⓒ
[해설] 빈칸 뒤에 명사가 이어지므로 전치사가 필요하다.
[해석] 버스 서비스는 내일 다리 폐쇄 때문에 중단될 것이다.

09 [정답] ⓒ
  [해설] 빈칸 뒤에 콤마와 함께 문장이 이어지므로 접속부사가 필요하다.
  [해석] 눈이 많이 내린다. 그 결과, 모든 비행기가 착륙 금지된다.

10 [정답] Ⓑ
  [해설] 빈칸 뒤에 콤마와 함께 문장이 이어지므로 접속부사가 필요하다.
  [해석] 그 결과에 따르면 돌묵상어는 바다의 깊은 곳에서 동면하지 않는다. 대신에 그것들은 북대서양에서 더 따뜻한 열대 바다로 엄청난 거리를 헤엄친다.
  [어휘] basking shark 돌묵상어 hibernate 겨울잠을 자다, 동면하다 distance 거리 tropical water 열대 바다

11 [정답] Ⓓ
  [해설] 빈칸 뒤에 명사가 이어지므로 전치사가 필요하다.
  [해석] 이번 금지에도 불구하고 환경부는 대체용기가 수년 동안 널리 사용되어 왔기 때문에 소비자들에게 큰 불편을 끼치지 않으리라고 기대하고 있다.
  [어휘] ban 금지 inconvenience 불편함 substitute container 대체 용기

12 [정답] Ⓐ
  [해설] 빈칸 뒤에 콤마와 함께 문장이 이어지므로 접속부사가 필요하다.
  [해석] 모든 일정 변경은 근무 중인 관리자에게 확인해야 한다. 그렇지 않으면, 시간표 충돌이 발생할 가능성이 있다.
  [어휘] confirm 확인하다, 확정하다 on duty 근무 중인 timetable conflict 시간표 충돌

13 [정답] Ⓑ
  [해설] 빈칸 뒤에 콤마와 함께 문장이 이어지므로 접속부사가 필요하다.
  [해석] 대도시에서 사는 것은 좋은 직업 기회를 제공한다. 더 나아가, 좋은 교육 기회도 제공한다.
  [어휘] offer 제공하다 job opportunity 직업 기회

14 [정답] ⓒ
  [해설] 빈칸 뒤에 문장이 이어지므로 접속사가 필요하다.
  [해석] 데이비드는 두 개의 일자리 제안을 받았다. 비록 한 회사가 더 높은 급여를 제안했지만, 그는 유연한 근무 일정 때문에 다른 회사를 선택했다.

15 [정답] Ⓑ
  [해설] 빈칸 뒤에 콤마와 함께 문장이 이어지므로 접속부사가 필요하다.
  [해석] 소피아는 온라인 쇼핑을 선호한다. 반면에, 그녀의 언니는 실제 매장에 가는 것을 즐긴다.

16 [정답] Ⓓ
  [해설] 빈칸 뒤에 명사가 이어지므로 전치사가 필요하다.
  [해석] 마크는 패스트푸드를 먹는 것을 좋아한다. 그의 건강에 좋지 않은 식습관 때문에 그는 많은 체중이 증가했다.

17 [정답] Ⓐ
　　[해설] 빈칸 뒤에 문장이 이어지므로 접속사가 필요하다.
　　[해석] 우리는 함께 영화를 보고 싶었다. 표가 매진되었기 때문에 대신 집에서 영화를 보기로 했다.

18 [정답] Ⓓ
　　[해설] 빈칸 뒤에 콤마와 함께 문장이 이어지므로 접속부사가 필요하다.
　　[해석] 나는 교통 체증을 피하기 위해 일찍 집을 나섰다. 그럼에도 불구하고, 고속도로에서 발생한 사고로 인해 결국 늦게 도착했다.
　　[어휘] traffic jam 교통 체증　highway 고속도로

19 [정답] Ⓒ
　　[해설] 빈칸 뒤에 콤마와 함께 문장이 이어지므로 접속부사가 필요하다.
　　[해석] 우리는 서로 싫어했다. 그럼에도 불구하고, 우리는 그 문제에 대해 같은 결정을 내렸다.
　　[어휘] decision 결정, 결론

20 [정답] Ⓐ
　　[해설] 빈칸 뒤에 콤마와 함께 문장이 이어지므로 접속부사가 필요하다.
　　[해석] 여성은 일반적으로 남성보다 오래 산다. 예를 들어, 미국에서 여성의 기대수명은 75세인 반면, 남성은 73세이다.
　　[어휘] life expectancy 평균 수명, 기대 수명

21 [정답] Ⓑ
　　[해설] 빈칸 뒤에 콤마와 함께 문장이 이어지므로 접속부사가 필요하다.
　　[해석] 미국이 대부분의 육상 경기에서 우승을 했다. 마찬가지로, 수영에서도 최고 3위 자리가 미국 선수들에게 돌아갔다.

22 [정답] Ⓓ
　　[해설] 빈칸 뒤에 문장이 이어지므로 접속사가 필요하다.
　　[해석] Eden이 순이익을 본 이후에, 그는 단추를 자신의 브랜드로 제조하기로 결정했다.

23 [정답] Ⓒ
　　[해설] 빈칸 뒤에 콤마와 함께 문장이 이어지므로 접속부사가 필요하다.
　　[해석] 베트남 시장은 최근 몇 년간 연간 GDP 성장률이 6.8%를 기록하고 있기 때문에 수익성이 좋아 보인다. 또한, 30세 이하 인구가 베트남 1억 명의 절반을 차지한다.
　　[어휘] lucrative 수익성이 좋은, 이익이 되는　record 기록하다　annual 연간　account for 차지하다

24 [정답] Ⓓ
　　[해설] 빈칸 뒤에 콤마와 함께 문장이 이어지므로 접속부사가 필요하다.
　　[해석] 여러 개의 건물들과 집들이 동일한 땅 번호를 쓰는 경향이 있어서 주소도 동일하게 된다. 그리고 현재의 체계를 이용해서 주소로 가는 길을 찾는 것은 거의 불가능하다.

25 [정답] Ⓐ
    [해설] 빈칸 뒤에 문장이 이어지므로 접속사가 필요하다.
    [해석] 현대 기술은 학생들의 학습 방식을 변화시켰다. 반면에 전통적인 교실이 교과서에 의존하는 반면, 많은 학교들은 이제 디지털 자료와 온라인 강의를 활용하고 있다.

26 [정답] Ⓓ
    [해설] 빈칸 뒤에 콤마와 함께 문장이 이어지므로 접속부사가 필요하다.
    [해석] 전 세계 정부는 더 엄격한 환경 규제를 시행하고 있다. 그럼에도 불구하고, 일부 산업은 지속 가능성보다 이익을 우선시하여 계속해서 오염 문제를 야기하고 있다.

27 [정답] Ⓑ
    [해설] 빈칸 뒤에 명사가 이어지므로 전치사가 필요하다.
    [해석] 새로운 의학 치료법은 환자의 생존율을 크게 향상시켰다. 생명공학의 발전 덕분에 의사들은 이제 그 어느 때보다 더 효과적으로 질병을 진단하고 치료할 수 있다.

PART 2 독해

Unit 1 Biographical Narrative (인물의 일대기)

1. 문제 01~07

〈전문 해석〉

윌리엄 터너는 런던 코벤트 가든의 메이든 레인에서 중산층 이하의 소박한 가정에서 태어났다. 그는 평생을 런던에서 살았다. 터너는 1789년부터 왕립예술학교에서 14세 때 입학하여 15세에 첫 작품을 전시하였다. 이 기간 동안 그는 건축 제도사로 활동하기도 했다. 1789년 말까지 그는 또한 지형학자인 토마스 말튼 밑에서 공부하기 시작했다. 터너는 그에게서 영국 성과 수도원의 윤곽 인쇄물, 복사, 색칠을 하는 무역의 기본 요령을 배웠다.

터너의 재능은 일찍이 인정받았다. 터너는 재정적인 독립성을 통해 자유롭게 혁신할 수 있었다. 그의 성숙한 작품은 색조 팔레트와 넓게 칠해진 대기 페인트 세탁으로 특징지어진다.

비록 앞선 예술가들의 노력의 결과를 활용했지만, 그럼에도 불구하고 윌리엄 터너는 그의 젊은 시절부터 자연으로부터 유일한 영감을 받았다. 하지만 그의 예술은 자연에 대한 있는 그대로의 기록에 있지 않았다. 그의 예술은 풀잎을 세어 보고, 변동 없이 그 장면의 정확한 모습을 재현할 수 있는 기술이 아니었다. 그가 묘사한 모든 장면들은 말하자면, 그 자신의 상상의 신비로운 시 속에 담겨 있다. 터너의 상상력은 난파선, 화재와 햇빛, 폭풍, 비, 안개와 같은 자연 현상에 의해 촉발되었다. 또한 그는 바다의 난폭한 힘에 매료되었다. 그는 자연의 초상을 단지 그 순간 그에게 보이는 대로 그리는 것이 아니라, 모든 과거 역사, 그 자연을 뒤흔든 지진, 자연을 휩쓸고 지나간 폭풍우, 그리고 여전히 그 자연에 달라붙어 있는 사랑스러움에 대한 진정한 이해를 토대로 그렸다. 그는 우리에게 기쁨과 슬픔, 밝음과 음울함, 고통스러운 기분과 격렬한 광기와 사랑과 증오의 모든 다양한 측면에서 이러한 사랑스러움을 보여주었지만, 가장 고상한 의미에서는 그것이 사실일지라도, 라파엘이나 모든 위대한 이상주의자들처럼 자연을 그대로 베끼거나 그 자신의 마음 속에 있는 이미지나 이상을 베낀 것도 아니었다. 하지만 이 이상은 실제에 대한 가장 자세한 관찰과 연구에 기초한 것이었다.

말년에 터너는 기름을 더욱 투명하게 사용하고 반짝이는 색을 사용함으로써 기름을 거의 순수한 빛의 발현으로 바꾸었다. 색조의 강렬함과 빛에 대한 비상한 관심은 터너의 작품을 영국 회화의 선봉에 서도록 했을 뿐 아니라 프랑스 예술에도 영향력을 행사했다; 인상파, 특히 클로드 모네가 그의 기법을 주의 깊게 연구한 것으로 알려져 있다.

01 [정답] (b) a painter (화가)
[해설] 2번째 문단 1번째 줄 'He painted his portrait of the earth (그는 자연의 초상을 그렸다)'에서 알 수 있음
[해석] William Turner는 누구입니까?

02 [정답] (c) his comprehension about the nature (자연에 대한 그의 이해)
[해설] 2번째 문단 1번째 줄 'He painted his portrait of the earth not merely as it appeared to him at any one given moment, but with a true comprehension of all its past history, of the earthquakes that had shaken it, the storm-winds that had swept over it, and the loveliness that still clung to it (그는 자연의 초상을 단지 그 순간 그에게 보이는 대로 그리는 것이 아니라, 모든 과거 역사, 그 자연을 뒤흔든 지진, 자연을 휩쓸고 지나간 폭풍우, 그리고 여전히 그 자연에 달라붙어 있는 사랑스러움에 대한 진정한 이해를 토대로 그렸다)'에서 알 수 있음
[해석] William Turner의 작품의 주제는 무엇이었습니까?

03 [정답] (b) influenced the impressioninst of France (프랑스의 인상주의학파 화가들에게 영향을 미쳤다.)
[해설] 4번째 문단 2번째 줄 'The intensity of hue and interest in evanescent light not only placed Turner's work in the vanguard of English painting but exerted an influence on art in France; the Impressionists, particularly Claude Monet, carefully studied his techniques. (색조의 강렬함과 빛에 대한 비상한 관심은 터너의 작품을 영국 회화의 선봉에 서도록 했을 뿐 아니라 프랑스 예술에도 영향력을 행사했다; 인상파, 특히 클로드 모네가 그의 기법을 주의 깊게 연구한 것으로 알려져 있다)'에서 알 수 있음.
[해석] William Turner의 예술은 _____이다.

04 [정답] (c) William Turner had once worked as a draftsman. (윌리엄 터너는 한때 제도사로서 일했다.)
[해설] 1번째 문단 3번째 줄 'During this period, he also served as an architectural draftsman. (이 기간 동안 그는 건축 제도사로서도 활동했다.)'에서 알 수 있음.
[해석] 다음 중 옳은 것은?

05 [정답] (c) the painter of idealized reality, William Turner (이상화된 현실의 화가, William Turner)
    [해설] 2번째 문단 6번째 줄 'but the portrait, although true in the highest sense, is never directly copied from nature for he painted, like Raphael and all great idealists, from an image or ideal in his own mind. But this ideal was founded on the closest observation and study of the real. (하지만 그 초상은, 가장 고상한 의미에서는 그것이 사실일지라도, 라파엘이나 모든 위대한 이상주의자들처럼 자연을 그대로 베끼거나 그 자신의 마음속에 있는 이미지나 이상을 베낀 것도 아니었다. 하지만 이 이상은 실제에 대한 가장 자세한 관찰과 연구에 기초한 것이었다)'에서 알 수 있음.
    [해석] 이 글의 주제는 _____입니다.

06 [정답] (c) only (유일한)
    [해설] 'sole'은 '유일한, 단 하나의'의 의미를 가짐
    [단어] (a) true 진실된, 사실의
         (b) diverse 다양한
         (d) creative 창의적인

07 [정답] (c) is embodied (구현되다, 담겨지다)
    [해설] 'is bathed'는 '담겨지다, 휩싸이다'의 의미를 가짐
    [단어] (a) is cleaned 청소되다, 처리되다
         (b) is excluded 배제되다
         (d) is distorted 왜곡되다

2. 문제 08~14

〈전문 해석〉

어빙 고프만은 캐나다 태생의 사회학자, 사회심리학자, 작가로, 일부 사람들에게 "20세기의 가장 영향력 있는 미국 사회학자"로 간주된다. 그는 세기가 바뀔 때 캐나다로 이민을 간 우크라이나 유대인의 가족 출신이었다. 그 가족은 매니토바의 다우핀으로 이사했고, 그곳에서 그의 아버지는 성공적인 재단 사업을 운영했다.

1939년에 그는 매니토바 대학에 화학을 전공했다. 그는 공부를 중단하고 오타와로 건너가 캐나다 국립 영화 협회에서 영화 산업에 종사했다. 후에 그는 사회학에 관심을 갖게 되었다.

Goffman은 대면 상호작용 연구에 상당한 진전을 이루었고, 인간 상호작용에 대한 "극적 접근법"을 정교하게 설명했으며, 특히 일상생활의 미시사회학 분야에서 막대한 영향을 끼친 수많은 개념을 개발했다. 그의 연구의 대부분은 그가 "상호 작용 순서"라고

부르는 개념인 일상적인 행동의 구성에 관한 것이었다.

Goffman은 "한 개인이 다른 사람들 앞에 나타날 때, 그는 다른 사람들이 그 상황에 대해 받는 인상을 조절하려고 애쓸 많은 동기들을 갖게 될 것"이라고 "인상 관리"를 정의했다. 우리는 남들이 우리를 좋아하고, 우리의 생각이 받아들여지기를 원한다. 우리는 다른 사람들이 우리의 감정과 우리의 행동의 지주 역할을 하는 가치를 존중해 주기를 원한다. Goffman은 아이들, 교사, 부모, 친한 친구, 직원, 고용주, 배우자, 연인, 그리고 동료 모두가 자신들이 접촉하는 사람들에게 자신들의 관심사를 투영하기 위한 전략을 가지고 있다는 것을 우리에게 상기시킨다. 우리가 이러한 많은 역할을 동시에 수행하기 때문에, 우리는 우리의 행동과 태도를 다른 사람들이 받아들일 수 있도록 만들어야 하는 의무에 끊임없이 직면하게 된다. 우리가 하는 모든 역할에는 다른 사람들에게 영향을 줄 수 있는 많은 가능한 전략이 수반된다. 말, 몸짓, 그리고 작은 신호에서, 우리는 청중들의 반응을 인도하기 위한 단서들의 흔적을 남긴다. 하루의 일상적인 일들 중 남을 전혀 설득하는 것이 없을 만큼 사소한 순간은 없다.

2007년 타임즈 고등 교육 가이드는 고프만을 앤서니 기든스에 이어 인문사회과학 분야에서 6번째로 많이 인용한 작가로 선정했다. 일반 대중들 사이에서 그의 인기는 그의 글쓰기 스타일과 대부분의 학자들보다 더 쉽게 접근할 수 있기 때문이다.

08 [정답] (d) a Sociologist (사회학자)
　　[해설] 1번째 문단 1번째 줄 'Erving Goffman was a Canadian-born sociologist, social psychologist, and writer, considered by some "the most influential american sociologist of the twentieth century. (어빙 고프만은 캐나다 태생의 사회학자, 사회심리학자, 작가로, 일부 사람들에게 "20세기의 가장 영향력 있는 미국 사회학자"로 간주된다)'에서 알 수 있음
　　[해석] Erving Goffman이 누구입니까?

09 [정답] (a) Goffman had once worked as a tilor (고프만은 한때 재단사로 일했다)
　　[해설] 1번째 문단 3번째 줄 'The family moved to Dauphin, Manitoba, where his father operated a successful tailoring business (그 가족은 매니토바의 다우핀으로 이사했고, 그곳에서 그의 아버지는 성공적인 재단 사업을 운영했다.)'에서 고프만이 아니라 그의 아버지가 재단 사업을 운영했음을 알 수 있음
　　[해석] 다음 중 옳지 않은 것은 무엇입니까?

10 [정답] (c) face-to-face interaction (대면 상호작용)
    [해설] 3번째 문단 1번째 줄 'Goffman made substantial advances in the study of face-to-face interaction (Goffman은 대면 상호작용 연구에 상당한 진전을 이루었다)'에서 알 수 있음
    [해석] Goffman은 _____에 대한 연구를 발전시켰다.

11 [정답] (d) the strategy to project one's interest to others (자신의 관심사를 타인에게 투영하기 위한 전략)
    [해설] 4번째 문단 4번째 줄 'Goffman reminds us that children, teachers, parents, close friends, employees, employers, spouses, lovers, and coworkers all have strategies for projecting their interests to those with whom they come in contact. (Goffman은 아이들, 교사, 부모, 친한 친구, 직원, 고용주, 배우자, 연인, 그리고 동료 모두가 자신들이 접촉하는 사람들에게 자신들의 관심사를 투영하기 위한 전략을 가지고 있다는 것을 우리에게 상기시킨다.)'에서 알 수 있음
    [해석] "인상 관리"는 _____입니다.

12 [정답] (c) Goffman was listed as the most-cited author in the social sciences (Goffman은 가장 많이 인용된 작가로 선정되었다)
    [해설] 5번째 문단 1번째 줄 'In 2007 by the Times Higher Education Guide listed Goffman as the sixth most-cited author in the humanities and social sciences, (.2007년 타임즈 고등 교육 가이드는 고프만을 앤서니 기든스에 이어 인문사회과학 분야에서 6번째로 많이 인용한 작가로 선정했다)'에서 알 수 있음
    [해석] 다음 중 옳은 것은 무엇입니까?

13 [정답] (c) respect (존중)
    [해설] 문맥 상 사람들은 타인이 자신의 감정과 행동의 지주 역할을 하는 가치를 존중해 주기를 원하므로 'regard (존중)'과 유사한 의미의 'respect'가 정답
    [단어] (a) surprise 놀라움, 뜻밖의 일
          (b) admiration 동경
          (d) sympathy 동정, 동조

14. [정답] (d) duty (의무)
    [해설] 문맥 상 사람들은 자신의 행동과 태도를 다른 사람들이 받아들일 수 있도록 만들어야 하는 의무에 끊임없이 직면하게 된다는 내용이므로 'imperative (긴요한 것)'과 유사한 의미의 'duty (의무)'가 정답
    [단어] (a) motive 동기
          (b) desire 의지, 욕구
          (c) conflict 갈등

Unit 2 Magazine, Newspaper of Web article (실험, 가설 혹은 새로운 발견)

1. 문제 01~07

〈전문 해석〉

20세기 초는 식료품 구매자들에게 좋은 시기가 아니었다. 물론, 산업화는 그 어느 때보다도 더 많은 식품들이 더 싼 가격에 공급된다는 것을 의미했다. 하지만 미국 식품의 약국이 생기기 이전에, 그 제품들이 실제로는 무엇으로 만들어졌는지 누가 알 수 있었을 것인가? 케첩 한 병에는 염색한 호박을 넣을 수도 있고, 갈아놓은 생강에는 타르를 칠한 로프를 섞을 수도 있고, "냄비 치킨"이라고 적힌 깡통에는 닭이 전혀 들어있지 않을 수도 있다.

그 모든 일들이 실제로 일어났고, 심지어 더 심했다. 대중이 문제의 정도를 알게 되자, 1906년에 순수 식품 의약품법이 통과되었다. 그 법률은 식품안전에 대한 기준을 제시하였다. 더 이상 독성, 더러움 또는 썩은 재료를 제품에 섞을 수 없었다. 법률은 또한 다음과 같은 잘못된 라벨 표시도 중단시켰다. 만약 그것이 그 음식이 아니라면 당신은 어떤 것을 특정한 음식이라고 부를 수 없다.

이것은 값싼 모조식품 제조업자들에게 골칫거리가 될 것이었고 그래서 그들은 새로운 규칙들을 고안해냈다. 엄밀히 말해 그 제품이 아니라고 말하지 않았다면 어떨까? 만약 대부분이 옥수수 녹말 푸딘이라고 부르는 제품을 사람들이 진짜 푸딩이라고 생각할 것이라고 기대한다면 어떨까?

그 전략은 한동안 효과가 있었다. "특정한 이름"이라는 단서가 법률에 삽입되어 교묘한 이름이 허용되었다. Puddine (대부분의 옥수수 녹말) 외에도, 소비자들은 그레이프 스맥 (모조 포도 주스)과 브레드 스레드 (잼 병에 들어있는 거의 과일 없는 설탕-펙틴 혼합물)를 살 수 있었다. 만약 구매자들이 푸딩, 포도 주스, 딸기 잼을 구입한다고 생각했다면, 글쎄, 그건 그 회사들의 잘못이 아니었다. 그들은 그들의 제품이 다른 것이라고 말하지 않았다.

법원이 동의했다. 경탄할만한 제목의 미국 대 과일 푸딘 사건, 미국 대 247/8 갤런

대 스맥 사건, 그리고 미국 대 15 브레드 스프레드 사건에서, 이 독특한 이름 조건은 모방자들을 자유롭게 했다. 그러나 1938년 식품, 의약품 및 화장품법에 따라 규칙은 더욱 엄격해졌는데, 이 법은 제품이 여전히 화려한 이름을 붙일 수 있도록 했지만, 만약 그것들이 그렇지 않은 것으로 보이면, 그것들은 명백히 모조품이라는 라벨을 붙여야 했다.

01 [정답] (b) the adulteration (불순품, 저질품)
　　[해설] 1번째 문단 2번째 줄 'But in the days before the FDA, who knew what those products were really made of? (하지만 미국 식품의약국이 생기기 이전에, 그 제품들이 실제로는 무엇으로 만들어졌는지 누가 알 수 있었을 것인가?)'에서 알 수 있음
　　[해석] 20세기 초는 식료품 구매자들에게 좋은 시기가 아니었는데, 왜냐하면 ＿＿＿ 때문입니다.

02 [정답] (c) the food safety (식품 안전)
　　[해설] 2번째 문단 2번째 줄 'the Pure Food and Drug Act of 1906 was passed. The legislation laid out standards for food safety: (1906년에 순수 식품 의약품법이 통과되었다. 그 법률은 식품안전에 대한 기준을 제시하였다.)'에서 알 수 있음
　　[해석] 1906년 순수 식품 의약품법은 ＿＿＿ 에 대한 것이었습니다.

03 [정답] (d) they made people be confused about the name of the product (그들은 사람들이 제품 이름을 헷갈려하도록 만들었습니다.)
　　[해설] 3번째 문단 1번째 줄 'so they came up with a way around the new rules. What if you technically did not say a product was something it was not? What if you are calling a product that is mostly cornstarch Puddine, expecting that people will think it is real pudding? (그래서 그들은 새로운 규칙들을 고안해냈다. 엄밀히 말해 그 제품이 아니라고 말하지 않았다면 어떨까? 만약 대부분이 옥수수 녹말 푸딘이라고 부르는 제품을 사람들이 진짜 푸딩이라고 생각할 것이라고 기대한다면 어떨까?)'
　　[해석] 값싼 모조 음식의 제조업자들이 한 일은 무엇입니까?

04 [정답] (b) United States won the case with the imitators (미국 정부는 모조업자들과의 재판에서 승소했다)
　　[해설] 5번째 문단 1번째 줄 'In the marvelously titled cases United States v. 150 Cases of Fruit Puddine, United States v. 24 7/8 Gallons of Smack, and United States v. 15 Cases of Bred Spred, the distinctive name proviso let the imitators off the hook. (법원이 동의했다. 경탄할만한 제목의 미국 대 과일 푸딘 사건, 미국 대 247/8 갤런 대 스맥 사건, 그리고 미국 대 15 브레드 스프레드 사건에서, 이 독특한 이름 조건은 모방자들을 자유롭게 했다)'에서 모조업자들이 이겼음을 알 수 있음
　　[해석] 다음 중 옳지 않은 것은 무엇입니까?

05 [정답] (c) The rule of food, drug, and cosmetic act mandated the use of imitation labels (식품 의약품 및 화장품법은 모조제품 라벨 사용을 의무화했다)

[해설] 5번째 문단 3번째 줄 'But the rules got stricter with the 1938 Food, Drug, and Cosmetic Act, which mandated that products could still bear fanciful names, but if they looked a lot like something they were not, they had to be explicitly labeled an imitation. (그러나 1938년 식품, 의약품 및 화장품법에 따라 규칙은 더욱 엄격해졌는데, 이 법은 제품이 여전히 화려한 이름을 붙일 수 있도록 했지만, 만약 그것들이 그렇지 않은 것으로 보이면, 그것들은 명백히 모조품이라는 라벨을 붙여야 했다)'에서 알 수 있음

[해석] 다음 중 옳은 것은 무엇입니까?

06 [정답] (a) explicit (명백한)

[해설] 문맥 상 법률이 명백하게 드러나는 잘못된 라벨 표시를 금지했다는 내용이므로 'outright (노골적인, 명백한)'과 유사한 의미의 'explicit (명백한)'이 정답

[단어] (b) oblique 완곡한, 비스듬한
(c) confusing 혼란스러운
(d) ambiguous 모호한, 불분명한

07 [정답] (b) use (사용하다)

[해설] 문맥 상 법률이 모조업자들로 하여금 화려한 이름을 여전히 사용할 수 있게 했다는 내용이므로 'bear ((특정한 이름을)가지다, 지니다)'와 유사한 의미의 'use (사용하다)'가 정답

[단어] (a) conceal 숨기다
(c) concede 양보하다
(d) copy 복제하다

2. 문제 08~14

〈전문 해석〉

인상주의의 역사는 실로 그 회원들이 함께 모였던 전시회의 실현 가능성을 위협했던 논쟁과 권력 투쟁과 불가분의 관계에 있다. 1874년부터 1886년까지 8개의 전시회가 열렸는데, 그 중 6개는 예술가들의 결속력과 야망이 결여되었다. 그들의 전시회를 보다 광범위하게 조직하기 위한 비용을 분담하기 위해서 그들은 재능이 부족하거나 혹은 더 보수적인 화가들을 받아들이도록 강요받았다. 그들은 또한 그들의 회원들의 개인적인 야망을 최대한 다루어야 했고, 비록 1873년의 법령이 살롱과 관객들 없이도 그림이 전시회를 열 기회를 주기 위해 작성되었지만, 각각의 전시회의 경험은 그들 중 어느 누구도 이 모험을 할 준비가 되어 있지 않다는 것을 보여주었다.

> 한 인상파 전시로부터 그 다음 인상파 전시까지 살펴보면 그룹 내의 다른 종파들 사이의 관계를 추적할 수 있을 뿐만 아니라, 새로운 역동성의 원천을 만들어내는 능력도 추적할 수 있다. 1876년, Caillebotte가 등장했다. 1879년, Gaugin은 Pissarro에 의해 소개되었고 이것을 Degas가 인정했다. 1886년, 신인상주의자들이 몰려들어 전시공간을 집어삼키고 인상주의 자체를 서서히 몰아냈다. Caillebotte과 Mary Cassatt를 제외한 모든 새로운 도래들은 통곡과 이를 갈며 받아들여졌다. 그러나 이 새로운 사람들이 인상주의에서, 그리고 인상주의 때문에 태어났다는 것은 인정해야만 한다.
>
> 하지만 그렇다면 이 신병들이 정말로 중요한 이유는 무엇일까? 1870년대 말, 그 운동은 더 이상 예술가의 소유물이 아니었다. 이미 그들은 떠나고 있었다. Cezanne, Renoir, Monet, 그리고 심지어 Degas 또한 자신만의 작은 사실주의 학파를 지속적으로 주창하며 그들만의 독자적인 길을 선택했다. 그들은 살롱으로부터 인정받지 못하는 것을 원하지 않았다. 또한, 무엇보다도, 그들은 그들의 작품이 인정받을 수 있는 1인 전시회를 원했고, 이를 통해 방문객들이 그들의 작품과 다른 작품을 비교하는 것으로 인해 길을 잃지 않기를, 비평가들은 진정한 인상주의자와 진정한 화가를 마지막 손님과 혼동하지 않기를 원했다. 인상의 역사는 여러 사람을 통해 쓰여지겠지만, 무엇보다도 각 개인들에 의해 쓰여질 것이다.

08 [정답] (a) 능력이 부족하고 더 보수적인 화가들이 전시회에 참여하도록 허락하였다.
　　[해설] 첫 번째 문단 5번째 줄 'In order to share the costs of organizing their exhibitions more widely, they were forced to admit painters who were less talented or more conservative (보다 광범위한 전시회를 준비하기 위한 비용을 분담하기 위해, 그들은 재능이 부족하거나 혹은 더 보수적인 화가들을 용인하도록 강요받았다)'에서 알 수 있음.
　　[해석] 전시회 준비 비용을 분담하기 위해 인상주의자들이 한 일은 무엇입니까?

09 [정답] (a) Cassatt
　　[해설] 2번째 문단 5번째 줄 'Every new arrival, except for Caillebotte and Mary Cassatt, was greeted by wailing and the gnashing of teeth (Caillebotte와 Mary Cassatt를 제외한 모든 새로운 도래는 통곡과 분노의 이를 갈며 받아들여졌다.)'에서 알 수 있음
　　[해석] 인상주의자들에게 환영받은 사람은 누구입니까?

10 [정답] (b) Degas
    [해설] 3번째 문단 2번째 줄 'Cézanne, Renoir, Monet, and even Degas, who continued to promote his little realist school, had already chosen their solitary paths. (Cézanne, Renoir, Monet, 그리고 심지어 Degas 또한 자신들만의 사실주의 학파를 주창하며, 이미 독자적인 길을 선택하였다.)'에서 알 수 있음
    [해석] 사실주의자로서의 길을 선택한 사람은 누구입니까?

11 [정답] (b) to get the recognition from the Salon. (살롱의 인정을 얻는 것)
    [해설] 3번째 문단 4번째 줄 'They wanted no lack of recognition from the Salon(그들은 살롱의 인정이 결여되지 않기를 원했습니다.)'에서 알 수 있음.
    [해석] 인상주의자들이 하고자 했던 것은 _____ 입니다.

12 [정답] (b) Among the eight exhibitions from 1874 to 1886, six of them showed shared ambition of painters. (1874년부터 1886년까지의 8차례의 전시회 중 6개의 전시회에서 화가들 간의 공유된 야망이 드러났다)
    [해설] 첫 번째 문단 3번째 줄 'From 1874 to 1886 there were eight exhibitions, six of which revealed the artists' lack of cohesion and shared ambition (1874년부터 1886년까지 8차례의 전시회가 있었고, 그 중 6개는 예술가들 간의 응집력과 공유된 야망이 결여되었다.)'에서 알 수 있음
    [해석] 다음 중 사실이 아닌 것은 무엇입니까?

13 [정답] (b) traditional (전통적인)
    [해설] 본문의 문맥상 'conservative'는 인상주의와 대비되는 '전통주의적인 (traditional)'의 의미를 가진다.
    [단어] (a) innovative 혁신적인
         (c) wealthy 부유한
         (d) energetic 활기찬

14 [정답] (c) lamentation (개탄, 비탄)
    [해설] 본문의 문맥상 'wailing'은 인상주의자들이 신인상주의자들의 등장을 꺼리는 '개탄 (lamentation)'의 의미를 가진다.
    [단어] (a) admiration 동경, 숭배
         (b) surprise 놀라움
         (d) resentment 분노

Unit 3 Encyclopedia Article (백과사전적 지식)

1. 문제 01~07

〈전문 해석〉

레오나르도 다빈치가 훨씬 더 다작의 화가가 되었다. 지난달 발표된 한 분석에 따르면 19세기 독일 화가의 것으로 여겨졌던 작은 초상화는 실제로 1500년경 이탈리아 거장에 의해 그려졌다고 한다. 이 놀라운 발견은 예술품 인증으로 "잃어버린" 작품들이 재발견된 일련의 사례들 중 가장 최근의 것이다. 하지만 전문가들은 어떻게 특정 화가가 예술 작품에 책임이 있다고 확신할 수 있을까?

다빈치 그림의 경우, 그 인증은 물리적 증거에 기초했다. 고해상도의 다분광 카메라를 사용하여, 피터 폴 비로라는 캐나다의 과학 수사 예술 전문가는 캔버스에 남아 있는 희미한 지문을 식별할 수 있었다. 이후 이 지문은 바티칸 시국에 걸려 있는 다빈치 그림의 것과 일치했다.

지문과 같은 강력한 법의학적 증거가 없으면 인증 과정이 좀 더 까다로워진다. 과거에, 예술 작품들은 붓놀림 패턴과 예술가의 특징 분석을 포함한 요소들의 조합을 통해 인증되었다. 그림의 출처나 소유의 역사 또한 중요하다. 수세기 동안 한 소유주로부터 다른 소유주를 거쳐 초상화를 추적할 수 있다는 것은 작은 업적이 아니며, 그것은 종종 작품의 정당성에 상당한 비중을 두는 것이 된다.

최근 한 유명한 사례는 미술품을 인증하는 데 있어 어려움을 강조하는 것으로 논란이 되고 있는 잭슨 폴록의 그림으로, 중고품 상점에서 트럭 운전사가 5달러에 구입했다. 비로 또한 그 조사에 참여했는데, 캔버스의 부분 지문을 Pollock이 사용하는 페인트 캔과 짝지었다. 그러나 법의학적 증거에도 불구하고, 미술계는 그 그림의 이전 소유에 대한 기록이 없기 때문에 그 작품 인증을 꺼려왔다.

01 [정답] (c) a small portrait once attributed to a 19th century German artist was actually painted around the year 1500 (한 때 19세기 독일 화가에 의해 그려진 것으로 여겨진 작은 초상화는 사실 1500년대에 그려진 그림이다)
    [해설] 1번째 문단 1번째 줄 'An analysis released last month claims a small portrait once attributed to a 19th-century German artist was actually painted by the Italian master around the year 1500. (지난달 발표된 한 분석에 따르면 19세기 독일 화가의 것으로 여겨졌던 작은 초상화는 실제로 1500년경 이탈리아 거장에 의해 그려졌다고 한다)'에서 알 수 있음
    [해석] 다음 중 옳은 것은 무엇입니까?

02 [정답] (b) based on the physical evidence (물리적 증거에 기반하여)
    [해설] 1번째 문단 4번째 줄 'But how can experts be so sure that a specific painter is responsible for a work of art? In the case of the Da Vinci painting, the authentication was based on physical evidence. (하지만 전문가들은 어떻게 특정 화가가 예술작품에 책임이 있다고 확신할 수 있을까? 다빈치 그림의 경우, 그 인증은 물리적 증거에 기초했다.)'에서 알 수 있음
    [해석] 전문가들은 어떻게 특정 화가가 예술작품에 책임이 있다는 것을 확신할 수 있습니까?

03 [정답] (a) use a high-resoluion multispectral camera (고해상도의 다분광 카메라를 사용하여)
    [해설] 2번째 문단 1번째 줄 'In the case of the Da Vinci painting, the authentication was based on physical evidence. Using a high-resolution multispectral camera, a Canadian forensic-art expert named Peter Paul Biro was able to identify a faint fingerprint left on the canvas. (다빈치 그림의 경우, 그 인증은 물리적 증거에 기초했다. 고해상도의 다분광 카메라를 사용하여, 피터 폴 비로라는 캐나다의 과학 수사 예술 전문가는 캔버스에 남아 있는 희미한 지문을 식별할 수 있었다.)'에서 알 수 있음
    [해석] 화가에 대한 물리적 증거를 찾아내기 위해서, _____를 해야 합니다.

04 [정답] (b) the fingerprint of the painting distracts the process of finding the painter (그림에 있는 지문은 화가를 찾는 과정을 방해한다)
    [해설] 3번째 문단 1번째 줄 'Absent compelling forensic evidence like a fingerprint, the authentication process becomes a bit murkier (지문과 같은 강력한 법의학적 증거가 없으면 인증 과정이 좀 더 까다로워진다)'에서 지문이 그림의 화가를 인증하기 위해 강력한 증거가 됨을 알 수 있음
    [해석] 다음 중 옳지 않은 것은 무엇입니까?

05 [정답] (a) an ex-trucker purchased it for $5. (전직 트럭 운전수가 $5에 구입했다)
    [해설] 4번째 문단 1번째 줄 'One recent high-profile case highlighting the difficulties in authenticating a piece of art is a disputed Jackson Pollock painting, purchased for $5 by an ex-trucker in a thrift store. (최근 한 유명한 사례는 미술품을 인증하는 데 있어 어려움을 강조하는 것으로 논란이 되고 있는 잭슨 폴록의 그림으로, 중고품 상점에서 트럭 운전사가 5달러에 구입했다)'에서 알 수 있음
    [해석] 잭슨 폴록의 그림에 일어난 일은 무엇입니까?

06 [정답] (d) profuse (다량의)
   [해설] 문맥 상 레오나르도 다 빈치의 작품이 하나 더 발견되어 레오나르도 다 빈치가 다작의 화가가 되었다는 내용이므로 'prolific (다작의)'와 유사한 의미의 'profuse (다량의)'가 정답
   [단어] (a) famous 유명한
          (b) affluent 부유한
          (c) infamous 악명 높은

07 [정답] (c) mediocolegal (법의학의)
   [해설] 문맥 상 카메라를 활용한 법의학적 기법으로 작품의 화가를 밝혀내는 내용이므로 'forensic (법의학의)'와 유사한 의미의 'mediocolegal (법의학의)'가 정답
   [단어] (a) historical 역사적인
          (b) aesthetic 미학의
          (d) technological 과학 기술의

2. 문제 08~14

〈전문 해석〉

송과샘에서 자연적으로 생성되는 호르몬인 멜라토닌은 어둠이 내릴 때 분비되어 쉬어야 할 때라는 신호를 몸으로 전달한다. 멜라토닌은 그것의 수면 유도 특성으로 잘 알려져 있지만, 현재 과학자들은 이 물질이 수면을 유도할 뿐만 아니라 뇌가 제 기능을 유지하도록 한다는 것을 알고 있다.

멜라토닌이 뇌가 정상적으로 기능하도록 하는 한 가지 방법은 항우울제로서 기능하는 것이다. 계절적 정서 장애는 겨울동안 흔히 나타나는 우울증의 한 형태이며, 한 사람의 정상적인 수면 주기와 변화되는 밝음-어두움 주기 사이의 불일치의 결과로 간주된다. 어떤 사람들에게는 이러한 리듬의 불일치가 기분을 저하시키는 기능을 한다. 그러나 이 질병은 멜라토닌으로 쉽게 치유될 수 있다. 연구결과 밝은 빛 치료와 함께 적은 양의 멜라토닌이 수면 주기를 재조정하고 계절적 정서 장애의 증상을 완화시킬 수 있다는 것이 드러났다.

멜라토닌이 뇌의 정상적 기능에 기여하는 또 다른 방법은 알츠하이머와 같은 나이와 관련된 질병과 관련된 인지 장애를 늦추는 것이다. 아밀로이드 베타와 타우 단백질은 독성이 있으며 이 질병을 가진 환자들에게 축적되어 인지력이 저하된다. 멜라토닌은 이러한 단백질의 독성 효과를 상쇄시키는 데 도움을 주지만, 알츠하이머병에 걸린 사람들은 건강

> 한 젊은이들이 생산하는 멜라토닌의 5분의 1만 생산한다. 따라서, 멜라토닌 보충제는 이 두 가지 해로운 단백질의 독성에 대항하여 이러한 환자들의 인지 기능을 향상시킬 수 있다.
>
> 이 호르몬의 유망한 새로 발견된 효과는 많은 관심을 끌었고 인간을 더 건강하고 행복하게 만들기 위한 더 많은 연구를 촉진시켰다. 분명한 것은 멜라토닌이 더 이상 양을 세는 것에 대한 대안이 아니라는 것이다.

08 [정답] (c) A hormone
　　[해설] 첫 번째 문단 1번째 줄 'Melatonin-a hormone naturally produced by the pineal gland (송과샘에서 자연적으로 생산되는 호르몬인 멜라토닌)'에서 알 수 있음
　　[해석] Melatonin은 무엇입니까?

09 [정답] (d) there is a discrepancy between one's sleep cycle and the cycle of the sunlight in winter (수면 주기와 겨울의 햇빛 주기에서 격차가 발생할 때)
　　[해설] 두 번째 문단 2번째 줄 'thought to be the effect of a mismatch between one's normal sleep cycle and the shifting light-dark cycle (한 사람의 정상적인 수면 주기와 변화되는 밝음-어두움 주기 사이의 불일치의 결과로 간주된다)'에서 알 수 있음
　　[해석] 계절성 우울증은 _____할 때 발생합니다.

10 [정답] (b) take melatonin supplements (멜라토닌 보충제를 섭취한다)
　　[해설] 3번째 문단 5번째 줄 'Therefore, melatonin supplements can improve cognitive function in these patients by countering the toxic influence of these two harmful proteins. (따라서, 멜라토닌 보충제는 이 두 가지 해로운 단백질의 독성에 대항하여 이러한 환자들의 인지 기능을 향상시킬 수 있다.)'에서 알 수 있음
　　[해석] 알츠하이머를 치료하기 위해서는 _____을 해야 한다.

11 [정답] (a) Melatonin helps people sleep well (멜라토닌은 사람들의 숙면을 돕는다)
　　[해설] 1번째 문단 2번째 줄 'While it is well known for its sleep-inducing properties, (멜라토닌은 그것의 수면 유도 특성으로 잘 알려져 있지만)'에서 알 수 있음
　　[해석] 다음 중 옳은 것은?

12 [정답] (d) To produce more Melatonin, one should stay in the dark place (멜라토닌을 더 생성하기 위해서는 어두운 곳에 있어야 함)
　　[해설] 1번째 문단 1번째 줄 'Melatonin-a hormone naturally produced by the pineal gland-is released when darkness falls (송과샘에서 자연적으로 생성되는 호르몬인 멜라토닌은 어둠이 내릴 때 분비되어)'에서 알 수 있음. 하루 중 밤이 다가올 때 송과샘에서 자연스럽게 생성되는 것이지 어두운 장소에 있다고 해서 더 많이 생산할 수 있는 것은 아님.
　　[해석] 다음 중 옳지 않은 것은?

13 [정답] (c) emit (배출하다)
    [해설] 'release'의 여러 가지 의미 중 지문에서는 문맥 상 멜라토닌이라는 호르몬 물질이 분비되는 것으로 이해해야 함
    [단어] (a) set free 해방시키다
          (b) drop 감소하다, 떨어지다
          (c) emit 배출하다
          (d) let go 놓아주다

14 [정답] (c) easily (쉽게)
    [해설] 'readily'는 '쉽사리', '간단히' 라는 의미를 가진다.
    [단어] (a) quickly 신속하게
          (b) completely 완전히
          (d) effectively 효과적으로

Unit 4　Business or Formal Letter (마케팅이나 사업제안 등의 이메일)

1. 문제 01~07

〈전문 해석〉

친애하는 왕 씨에게,

　　주문번호 1555번의 중고버스에 대한 주문 감사합니다. 이 버스는 선적 준비가 되었습니다. 그러나 우리는 주문과 관련된 신용장을 받지 못했음을 알려드리고자 합니다. 어제까지는 신용장이 우리에게 도착했어야 했습니다. 귀사가 4월 30일까지 우리 측에 유리한 신용장을 신속히 개설해 주시면 대단히 감사하겠습니다. 귀하의 신용장을 받는 대로, 우리는 즉시 선적 준비를 마치겠습니다. 또한, 당사의 과실로 신용장을 분실할 경우, 당사는 이미 보험에 가입했으며 손실에 대한 변상은 다음과 같습니다.

　　보험사는 위험으로 인한 손실에 대해 책임을 져야 하며, 피보험자에게 손해를 배상해야 합니다. 이는 또한 손실이 발생할 경우 피보험자는 손실 직전 자신이 차지했던 것과 동일한 재무적 지위로 복귀해야 한다는 것을 의미합니다. 만약 위험요소를 보험에 든다면, 보험사는 보증인을 보험에 들게 할 것이고, 그렇지 않다면 그렇게 하지 않을 것입니다. 이는 정책이 구체적으로 언급된 특정 위험(보험에 든 위험이라고 함)을 포함할 수 있는 반면, 일부 위험은 제외할 수 있음을 의미하며(예외 된 위험으로 알려져 있음) 일부는 여전히 포함되거나 제외되지 않을 수 있습니다(보험에 가입되지 않은 위험으로 알려져 있음).

당신의 친구,
판매 대리인, 제니퍼 로페즈

01 [정답] (b) the lack of the letter of credit (신용장의 결여)
   [해설] 1번째 문단 2번째 줄 'However, we would like to call your attention that we have not received the letter of credit covering the order. The L/C should have reached us by yesterday. Your prompt expedition of L/C in our favor valid until April 30 will be greatly appreciated. Upon receipt of your L/C, we will immediately complete shipping arrangement. (그러나, 우리는 주문과 관련된 신용장을 받지 못했음을 알려드리고자 합니다. 어제까지는 신용장이 우리에게 도착했어야 했습니다. 귀사가 4월 30일까지 우리 측에 유리한 신용장을 신속히 개설해 주시면 대단히 감사하겠습니다. 귀하의 신용장을 받는 대로, 우리는 즉시 선적 준비를 마치겠습니다.)'에서 알 수 있음
   [해석] 선적이 아직 이루어지지 않은 이유는 _____때문입니다.

02 [정답] (c) it should have reached by yesterday (어제까지 도착했어야 함)
   [해설] 1번째 문단 3번째 줄 'The L/C should have reached us by yesterday. (어제까지는 신용장이 우리에게 도착했어야 했습니다.)'에서 알 수 있음
   [해석] 다음 중 신용장에 대한 설명으로 옳은 것은 무엇입니까?

03 [정답] (a) the L/C is lost due to the writer's fault (편지를 쓴 사람의 잘못으로 인해 신용장이 분실되었다)
   [해설] 1번째 문단 2번째 줄 'However, we would like to call your attention that we have not received the letter of credit covering the order. (그러나, 우리는 주문과 관련된 신용장을 받지 못했음을 알려드리고자 합니다.)'에서 편지를 쓴 사람이 아직 신용장을 받지 못했을 뿐 자신의 잘못으로 인해 신용장이 분실되었다는 언급이 없다는 것을 알 수 있음
   [해석] 다음 중 옳지 않은 것은 무엇입니까?

04 [정답] (c) buyer-seller (구매자-판매자)
   [해설] 1번째 문단 1번째 줄 'Thank you for your order No. 1555 for our second hand buses, which are ready for shipment. (주문번호 1555번의 중고버스에 대한 주문 감사합니다. 이 버스는 선적 준비가 되었습니다)'와 편지 하단부 발신인 'Jennifer Lopez, Sales Rep. (판매 대리인, 제니퍼 로페즈)'에서 알 수 있음
   [해석] Mr. Wang 과 Jennifer Lopez는 무슨 관계입니까?

05 [정답] (d) the insurer will compensate for the loss (보험업자가 분실에 대해 보상할 것임)
   [해설] 2번째 문단 1번째 줄 'The insurer will be liable for loss due to perils and shall have to make good the losses to the insured. (보험사는 위험으로 인한 손실에 대해 책임을 져야 하며, 피보험자에게 손해를 배상해야 합니다.)'에서 알 수 있음
   [해석] 다음 중 옳은 것은 무엇입니까?

06 [정답] (b) pre-owned (중고의)
   [해설] 문맥 상 'second-hand (중고의)'와 유사한 의미의 'pre-owned (중고의)'가 정답
   [단어] (a) recently made 최근에 만들어진
          (c) customized 개별 요구에 의해 만들어진
          (d) double-decker 2층의

07 [정답] (d) risk (위험)
[해설] 문맥 상 보험업자가 보장된 위험에 의한 분실물에 대해 보상하겠다는 내용이므로 'peril (위험)'과 유사한 의미의 'risk (위험)'이 정답
[단어] (a) expiration 만료, 만기
(b) mistake 실수
(c) delivery 배송

2. 문제 08~14

〈전문 해석〉

Tony Stark
Penn Central 운송 주식회사
아틀란타, 19031

귀하가 상기 선적에 대한 선하증권을 발행하여 상기 화물이 상기 선적 항구에 도착했지만, 이에 따라 우리는 귀하가 상기 화물을 원래의 선하증권을 제시하지 않고 상기에 언급된 당사자에게 인도할 것을 요청합니다.

귀하가 상기 요청을 준수하는 것을 고려하여 당사는 다음과 같이 귀하에게 변상하기로 동의합니다.

우리의 요청에 따라 화물을 인도하는 이유로 귀사가 지불하게 되는 비용을 변상할 것이며, 단, 서명된 은행은 운송 계약과 관련하여 화물, 차용 또는 비용에 대한 책임에서 면제됩니다. 위의 화물에 해당하는 선하증권의 원본이 우리 소유로 들어오는 즉시, 우리는 당신 측에 같은 것을 인도할 것이며, 이에 따른 우리의 책임은 끝날 것입니다.

Edwin Zuckerberg
회장
워싱턴, DC 20901

08 [정답] (a) the reader of the deliver the cargo to the party which is different with that of the original bill of lading (독자가 원본 선하증권에 명시되어 있는 것과 다른 대상에 화물을 운송하기를 원함)
[해설] 1번째 문단 2번째 줄 'we hereby request you to give delivery of the said cargo to the above mentioned party without presentation of the original bill of lading. (우리는 귀하가 상기 화물을 원래의 선하증권을 제시하지 않고 상기에 언급된 당사자에게 인도할 것을 요청합니다.)'
[해석] 이 편지를 쓴 사람은 _____를 요구했습니다.

09 [정답] (a) seller (판매자)
    [해설] 편지를 쓴 사람이 화물을 보낸 사람이므로 문맥상 (a) seller (판매자)일 가능성이 높음.
    [해석] 이 편지를 쓴 사람은 누구입니까?

10 [정답] (c) carrier (운송자)
    [해설] 편지 상단 수신인 칸에 'Penn Central Transportation Co. (Penn Central 운송주식회사)'라고 적혀있고 편지를 쓴 사람으로부터 화물을 운반할 것을 요구받았으므로, 이 편지의 독자는 (c) carrier (운송자)일 가능성이 높음.
    [해석] 이 편지의 독자는 누구입니까?

11 [정답] (b) the reader should keep the cargo until the writer get the original bill of lading (독자는 편지를 쓴 사람이 원본 선하증권을 소유할 때까지 화물을 보관해야 함)
    [해설] 1번째 문단 2번째 줄 'we hereby request you to give delivery (우리는 당신이 운송하기를 요구합니다)'에서 편지의 독자가 화물을 보관하는 것이 아니라 운송해야 함을 알 수 있음
    [해석] 다음 중 옳지 않은 것은?

12 [정답] (b) The writer would get the original bill of lading later (편지를 쓴 사람은 차후에 원본 선하증권을 갖게 될 것임)
    [해설] 2번째 문단 3번째 줄 'As soon as the original bill of lading corresponding to the above cargo comes into our possession, (위의 화물에 해당하는 선하증권의 원본이 우리 소유로 들어오는 즉시)'에서 알 수 있음
    [해석] 다음 중 옳은 것은?

13 [정답] (a) conform (승인하다, 따르다)
    [해설] 문맥 상 글쓴이의 조건을 수용하여 따를 시 제공되는 변상에 대해 이야기하고 있으므로 'comply (따르다, 준수하다)'와 동일한 의미인 'conform'이 정답
    [단어] (b) refuse 거절하다
          (c) protest 항의하다
          (d) cede 양도하다

14 [정답] (b) submit (제출하다)
    [해설] 문맥 상 'surrender'의 여러 가지 의미 중 '인도하다, 넘겨주다'의 의미가 적합하므로 유사한 의미를 가진 'hand over'이 정답
    [단어] (a) give up 포기하다
          (c) expunge 말소하다
          (d) modify 수정하다

PART 3 문법 모의고사

Unit 1 문법 모의고사 1회

01 [정답] (c)
　　[해석] 우리 형은 최근 그의 회사 파리 지사에 과장 자리를 제안받았으나, 승낙하기를 망설였다. 그의 커리어에 큰 도약임을 고려하여 나는 그 일자리를 받아들이라고 설득했다.
　　[해설] 동사의 형태를 묻는 문제이다. convince는 목적격 보어로 to부정사를 취하는 동사이므로 (c)가 정답이다.
　　[단어 및 관용어구]
　　　　section chief 과장
　　　　branch n. 분점, 지사
　　　　hesitate 동. 망설이다, 주저하다
　　　　leap n. 도약
　　　　convince v. 설득하다

02 [정답] (b)
　　[해석] 우리 삼촌은 짧은 주말여행을 가느라 고속도로를 따라 달리고 있었다. 그는 갑자기 뭔가 이상한 것을 느끼고 네비게이션을 확인했다. 그는 이전 교차로에서 좌회전을 했어야 했는데 대신 그는 직진을 했던 것이다.
　　[해설] 문맥상 '좌회전을 했어야 하는데 (하지 않았다)'라는 의미가 적절하므로 〈should have p.p.〉의 형태로 과거 사실에 대한 후회를 나타내는 (b)가 정답이다.
　　[단어 및 관용어구]
　　　　weekend getaway 주말여행, 주말 휴가
　　　　suddenly ad. 갑자기
　　　　previous a. 이전의
　　　　intersection n. 교차로
　　　　go straight 직진하다

03 [정답] (d)
　　[해석] 라이벌 회사에게 이기기 위한 전략으로, 우리 마케팅 부서는 런던에서 새로운 홍보 관리자를 스카우트했다. 그가 일을 시작할 준비가 될 때, 그의 사무실은 준비되어 있을 것이다.
　　[해설] 동사의 시제를 묻는 문제이다. 미래의 시점(By the time he is ready to start work)까지 완료될 일에 대해 서술하고 있으므로 미래완료 시제인 (d)가 정답이다. 〈By the time+주어+현재시제〉 뒤에 오는 주절에는 미래완료 시제가 온다.
　　[단어 및 관용어구]
　　　　strategy n. 전략
　　　　beat v. 이기다

firm n. 회사
department n. 부서
headhunt v. 스카우트하다
public relation 홍보

04 [정답] (b)
[해석] 매리앤은 낯선 침대에서 잠드는 것이 어렵기 때문에 여행을 그리 좋아하지 않는다. 만약 그녀가 낯선 장소에서 불편함 없이 잘 수 있다면 그녀는 여행을 즐길 것이다.
[해설] 현재 사실에 대한 반대를 가정(낯선 장소에서 잘 수 있다면)하는 가정법 과거이므로 주절의 형태는 〈주어+조동사의 과거형+동사원형〉이 되어야 한다. 따라서 (b)가 정답이다.
[단어 및 관용어구]
unfamiliar a. 익숙하지 않은, 낯선
uncomfortable a. 불편한

05 [정답] (b)
[해석] 헤더는 내일 아침 정기 건강검진을 받는다. 이번에는 내시경도 함께 받을 것이기 때문에 그녀는 반드시 오늘 저녁 6시부터 금식을 해야 한다.
[해설] 당위를 나타내는 형용사 imperative가 쓰였으므로 that절의 동사는 should가 생략된 동사원형의 형태가 되어야 한다. 따라서 (b)가 정답이다.
[단어 및 관용어구]
regular a. 정기적인
checkup 건강 진단
gastroscopy n. 위내시경
imperative a. 반드시 해야 하는, 긴요한
abstain v. 자제하다, 삼가다

06 [정답] (a)
[해석] World Atlas of Night Sky Brightness는 우리 지구의 어디가 밤에 환한 상태인지를 보여주는 컴퓨터로 생성된 지도이다. 이 지도는 2016년에 처음 공개된 이후 빛공해가 얼마나 심각한지를 보여주고 있다.
[해설] 동사의 시제를 묻는 문제로 since를 통해 완료시제임을 유추할 수 있다. 공개된(published) 과거 특정 시점부터 지금까지 계속되고 있는 일은 현재완료진행 시제로 나타내므로 (a)가 정답이다.
[단어 및 관용어구]
computer-generated 컴퓨터로 생성되는
planet n. 지구
light up 빛나게 만들다, 환해지게 만들다
light pollution 빛공해, 광공해
publish v. 발표하다, 공개하다

07 [정답] (c)
[해석] 라이언이 유권자 등록을 한 것은 이번이 처음이다. 그는 잘 알고 선택을 하고 싶어서 후보자들을 조사하고 있다. 토론을 보면서 그는 만약 그가 대통령이라면 이 나라의 모든 사람을 부자로 만들 것이라고 생각한다.
[해설] 현재 사실에 대한 가정(그가 대통령이라면)을 하고 있으므로 가정법 과거가 되어야 한다. 가정법 과거의 주절은 〈주어+조동사의 과거형+동사원형〉이므로 (c)가 정답이다.

[단어 및 관용어구]
    register v. 등록하다
    make an informed choice 정보에 근거한 선택을 하다
    candidate n. 후보자, 출마자
    debate n. 토론
    president n. 대통령

08 [정답] (c)
    [해석] 보리스는 계약 사전 회의에서 큰 실수를 저질렀다. 그는 벽돌 벽에 쾅 하고 충돌한 기분이었다. 설상가상으로 그는 상사의 짜증 난 얼굴을 알아채지 않을 수 없었다.
    [해설] '~하지 않을 수 없었다'라는 의미를 나타내는 동명사 관용 표현은 〈cannot help -ing〉이다. 따라서 동명사 형태인 (c)가 정답이다. having noticed도 동명사 형태이지만 완료 동명사는 couldn't help의 시점보다 앞선다는 것을 나타내므로 적절하지 않다.
    [단어 및 관용어구]
        pre- p. ~전의
        contract n. 계약
        slam into ~에 충돌하다
        brick n. 벽돌
        annoyed a. 짜증이 난

09 [정답] (d)
    [해석] 헬레나는 LA 카운티 지방 검사의 인터뷰를 듣고 있었다. 그는 아동 관련 범죄에 대한 형량 개선안을 발표할 것이라고 말했다. 그는 범죄와 계속 싸울 것을 약속했다.
    [해설] 목적어 자리에 쓰이는 동사의 형태를 묻는 문제로 promise는 to부정사를 목적어로 취한다. 따라서 (d)가 정답이다.
    [단어 및 관용어구]
        district attorney 지방 검사
        sentencing n. 처분 판정, 형량
        enhancement n. 증진
        crime n. 범죄

10 [정답] (b)
    [해석] 로버트는 호텔 세탁이 그의 비싼 셔츠를 다리미질하면서 깃을 태워서 그것을 망친 것을 발견하고 짜증이 났다. 그의 비서가 로비에 도착할 때 그는 컨시어지에게 불평을 하고 있을 것이다.
    [해설] 동사의 시제를 묻는 문제로 미래의 특정 시점 When his secretary arrives at the lobby(그의 비서가 로비에 도착할 때쯤)에 진행 중인 일은 미래진행형으로 나타낸다. 따라서 정답은 (b)이다.
    [단어 및 관용어구]
        laundry n. 세탁
        ruin v. 망치다, 엉망으로 만들다
        burn v. 태우다
        collar n. 깃
        iron v. 다리미질하다

11 [정답] (c)

[해석] 윌리엄은 아마추어 야생동물 사진전에서 우승자로 선정되었다. 그는 캐논 EF렌즈를 사는데 상금을 썼다. 이제 그는 어두운 상황에서도 이미지 노이즈 없이 완벽하게 움직임을 포착할 수 있다.

[해설] 문맥상 '완벽하게 움직임을 포착할 수 있다'라는 의미가 자연스러우므로 가능을 나타내는 조동사 can이 와야 한다. 따라서 (c)가 정답이다.

[단어 및 관용어구]
winner n. 우승자
amateur n. 아마추어
wildlife n. 야생동물
photography n. 사진
prize money 상금
perfectly ad. 완벽하게
capture v. 포착하다

12 [정답] (b)

[해석] 툰드라는 추운 기후로 유명하지만 다양한 종은 혹독한 환경에 적응해왔다. 툰드라의 눈이 여름에 녹아서 식물들에게 수분을 공급한다. 녹는 눈이 없다면 툰드라에 서식하는 많은 식물들은 잘 자라지 못할 것이다.

[해설] 현재 사실에 대한 반대를 가정(녹는 눈이 없다면)하는 가정법 과거로 주절은 <주어+조동사의 과거형+동사원형>으로 쓴다. 따라서 (b)가 정답이다.

[단어 및 관용어구]
climate n. 기후
various a. 다양한
species n. 종
adapt to ~에 적응하다
harsh a. 혹독한
condition n. ((pl.)) 환경, 상황
inhabit v. 살다, 서식하다
thrive v. 잘 자라다

13 [정답] (c)

[해석] 페니의 상사는 그녀에게 주간 웹사이트 트래픽 보고서를 6시까지 직접 전달해달라고 요청했다. 그녀는 제시간에 그것을 끝냈지만, 그녀의 상사는 회의 중이었다. 그녀의 상사가 마침내 돌아왔을 때 그녀는 45분 동안 기다려오고 있었다.

[해설] 동사의 시제를 묻는 문제이다. for 45 minutes(45분 동안)을 통해 완료시제를 유추할 수 있고 과거의 특정 시점(When her boss finally returned)까지 계속 지속되는 일을 말하고 있으므로 과거완료진행형이 되어야 한다. 따라서 (c)가 정답이다.

[단어 및 관용어구]
hand in 제출하다
weekly a. 주간의
in time 시간 맞춰

14 [정답] (d)
[해석] 에밀리는 르 푸케스에 10인을 위한 자리를 예약했다. 겨우 예약 한 시간 전에, 세 명이 못 온다고 말했다. 에밀리는 지금 인원수 변경을 알리기 위해 레스토랑에 전화를 하고 있다.
[해설] 선택지에 현재를 나타내는 표현 now가 쓰여 있으며 문맥상 '지금 전화를 하고 있다'라는 의미가 되어야 하므로 지금 일어나고 있는 일을 나타내는 현재진행 시제인 (d)가 정답이다.
[단어 및 관용어구]
reservation n. 예약
inform v. 알리다, 통지하다

15 [정답] (c)
[해석] 지난주 내 위층 이웃이 내 아파트에 물난리를 초래했고 그 이후로 나는 호텔에서 지내고 있다. 물벼락을 맞았을 때 나는 한 손에 맥주를 들고 영화를 보고 있었다.
[해설] 동사의 시제를 묻는 문제로 과거의 특정 시점인 when I got doused with water에 진행중인 일을 말하고 있으므로 과거진행 시제를 써야 한다. 따라서 (c)가 정답이다.
[단어 및 관용어구]
cause v. 초래하다
get doused with water 물벼락을 맞다

16 [정답] (c)
[해석] 위층에서 들려오는 시끄러운 발소리로 인해 새 아파트에서 사는 것이 벨라에게 극도의 스트레스가 되고 있다. 그녀는 위층에 아무도 살지 않는다면 훨씬 더 행복할 것이라고 생각한다.
[해설] 현재 사실에 대한 반대를 가정(위층에 아무도 살지 않는다면)하고 있으므로 가정법 과거가 되어야 하며 가정법 과거의 주절은 <주어+조동사의 과거형+동사원형>으로 쓴다. 따라서 (c)가 정답이다.
[단어 및 관용어구]
extremely ad. 극도로, 극히
stressful a. 스트레스가 많은
footstep n. 발소리
upstairs ad. 위층에

17 [정답] (c)
[해석] 최근 사내 감사에서 앳킨스 씨가 2년 동안 기업 스파이였다는 것을 밝혀냈다. 증거는 강력했지만 그는 회사의 기밀 정보를 팔았다는 것을 부인했다.
[해설] 목적어 자리에 쓰일 동사의 형태를 묻는 문제이다. 동사 deny는 동명사를 목적어로 쓰므로 (c)가 정답이다.
[단어 및 관용어구]
in-house a. (조직) 내부의
audit n. 감사
corporate spy 기업 스파이
evidence n. 증거
compelling a. 설득력이 있는, 강력한
confidential a. 기밀의

18 [정답] (d)
   [해석] 파블로프의 조건형성이라고도 알려진 고전적 조건형성은 러시아 생리학자 이반 파브로프에 의해 우연히 발견되었다. 그는 개에게 먹이를 줄 때마다 벨을 울렸다. 이 실험을 통해 그는 자극이 조건 반응을 촉발시킬 수 있다는 것을 알아냈다.
   [해설] 알맞은 관계사를 묻는 질문이다. 앞의 절과 이어지는 접속사 역할을 하면서 문맥상 '개에게 먹이를 줄 때마다 벨을 울렸다'라는 의미가 자연스러우므로 부사절을 이끄는 복합관계부사 whenever이 이끄는 관계사절 (d)가 정답이다.
   [단어 및 관용어구]
       discover v. 발견하다
       accidently ad. 우연히
       physiologist n. 생리학자
       stimulus n. 자극
       trigger v. 촉발하다, 유발하다
       conditional a. 조건적인
       response n. 반응

19 [정답] (a)
   [해석] 아멜리아는 최근 승진을 했고 많은 축하 선물을 받았다. 그것들 중에 검은색 만년필이 가장 마음에 들었는데, 그것에는 그녀의 이름이 각인되어 있었다.
   [해설] 앞의 명사 a black fountain 펜을 선행사로 하는 관계사절을 묻는 문제이다. 콤마(,) 뒤에서 계속적 용법으로 쓰일 수 있으며, had의 주어 역할을 할 수 있는 주격 관계대명사 which가 이끄는 관계사절 (a)가 정답이다.
   [단어 및 관용어구]
       tons of 다수의
       congratulatory a. 축하의
       fountain pen n. 만년필
       engrave v. 새기다

20 [정답] (b)
   [해석] 내일 아침 도심 지역에 심각한 교통정체를 예상하세요. 주요 고속도로 두 개가 건설 공사로 인해 닫힐 것입니다. 시 공무원들은 가능하다면 대중교통을 이용할 것을 권고합니다.
   [해설] 주절에 권고를 나타내는 동사 recommend가 쓰였으므로 that절의 동사는 should가 생략된 동사원형의 형태가 되어야 한다. 따라서 (b)가 정답이다.
   [단어 및 관용어구]
       traffic n. 차량들, 교통량
       downtown area 도심 지역
       construction work 건설 공사
       official n. 공무원
       public transportation 대중교통

21 [정답] (a)
    [해석] 엠마가 직장에서 집까지 운전해서 오는데 평소보다 거의 두 배가 걸렸다. 그녀는 나중에 아주 많은 사람들이 나무 조명 밝히기 행사를 보기 위해 모여들고 있다는 것을 들었다. 그녀의 딸은 연휴기간 동안은 지하철을 이용하고 제안했다.
    [해설] 제안을 나타내는 동사 suggest가 쓰였으므로 that절의 동사는 should가 생략된 동사원형의 형태가 되어야 한다. 따라서 (a)가 정답이다.
    [단어 및 관용어구]
        twice ad. 두 배로
        gather v. 모이다

22 [정답] (d)
    [해석] 숀은 앨런에게 치킨 샌드위치와 커피를 사주었다. 유일한 문제는 그가 앨런이 채식주의자임을 몰랐다는 것이다. 그가 그것을 알았더라면 그는 Allan에게 버섯 파니니를 사주었을 것이다.
    [해설] 과거의 일에 대한 반대를 가정(그것을 알았더라면)하고 있으므로 가정법 과거완료가 되어야 한다. 가정법 과거완료의 if절은 〈if+주어+had p.p.〉의 형태로 쓰므로 (d)가 정답이다.
    [단어 및 관용어구]
        vegetarian n. 채식주의자
        mushroom n. 버섯

23 [정답] (b)
    [해석] T&L 전자는 그들이 새로 출시한 KE74D모델에서 심각한 결함을 발견했습니다. 그들은 240만대 이상의 냉장고에 대해 긴급 리콜을 실시했습니다. 만약 이 모델을 가지고 계시다면 가능한 한 빠르게 회사 웹사이트를 방문해 주세요.
    [해설] 문맥상 '이 모델을 가지고 있다면 웹사이트를 방문해 주세요'라는 것이 적절하므로 조건을 나타내는 조동사 If가 와야 한다. 따라서 (b)가 정답이다.
    [단어 및 관용어구]
        serious a. 심각한
        defect n. 결함
        release v. 출시하다, 발표하다
        urgent a. 긴급한
        recall n. 리콜(하자 상품 회수)
        million a. 100만의

24 [정답] (c)
    [해석] 모든 사람이 본부에 대한 그의 두드러진 공헌에 대해 위트모어 씨의 공로를 인정한다. 그는 동료들에게 롤모델로 여겨진다. 사실 모든 관리자들이 그를 올해의 직원으로 선정하는 것에 동의했다.
    [해설] 빈칸이 있는 문장에서 앞 문장과 연결되는 추가적인 정보를 제시하고 있으므로 부연설명을 나타내는 In fact가 가장 적절하다.
    [단어 및 관용어구]
        give credit for 공로를 인정하다
        notable a. 주목할 만한, 두드러진
        contribution n. 기여, 공헌
        coworker n. 동료

25 [정답] (c)

[해석] 조지아는 록 콘서트에서 집에 늦게 돌아온 뒤 기진맥진했다. 그 콘서트가 너무나 붐벼서 그녀는 거의 질식할 뻔했다. 도시 절반이 거기 있을 것을 그녀가 알았더라면 그녀는 집에 머물렀을 것이다.

[해설] 과거 사실에 대한 반대를 가정(도시 절반이 거기 있을 것을 알았더라면)하는 가정법 과거완료의 형태는 〈if+주어+had p.p., 주어+조동사의 과거형+have p.p.〉이 되어야 한다. 따라서 (c)가 정답이다.

[단어 및 관용어구]
exhausted a. 기진맥진한, 탈진한
jam-packed a. 몹시 붐비는
suffocate v. 질식사하다

26 [정답] (a)

[해석] 대영박물관은 방문객들에게 오디오가이드를 제공하는데, 이는 엄선된 전시품에 대해 전문가 275명의 해설을 한국어와 스페인어를 포함하여 10개의 언어로 제공한다. 이 오디오 콘텐츠는 방문객들이 더 완전히 박물관을 탐험할 수 있게 해 준다.

[해설] 동사의 형태를 묻는 문제이다. enable은 to부정사를 목적어로 취하므로 (a)가 정답이다.

[단어 및 관용어구]
provide A with B A에게 B를 제공하다
feature v. 특별히 포함하다, 특징으로 삼다
expert n. 전문가
commentary n. 설명, 해설
select a. 엄선된
object n. 물품, 물체
including p. ~을 포함하여
enable v. ~할 수 있게 하다
thoroughly ad. 완전히, 철저히
explore v. 탐험하다

Unit 2 문법 모의고사 2회

01 [정답] (d)
[해석] 나파밸리 방문을 계획하고 계시다면 여기 몇 가지 팁을 드리겠습니다. 우선, 호텔 가격이 훨씬 더 저렴한 비수기에 방문해 보세요. 둘째로 이 지역의 관광은 와인을 중심으로 하므로 아이들은 집에 있게 하심이 좋습니다.
[해설] 알맞은 접속사를 고르는 문제로 앞뒤 맥락을 살펴야 한다. 아이들을 집에 있게 해야 하는 이유가 빈칸 뒤에 서술되므로 이유를 나타내는 접속사 (d)가 알맞다.
[단어 및 관용어구]
offseason n. 비수기, 한산한 시기
region n. 지방, 지역

02 [정답] (c)
[해석] 전기는 컴퓨터, 엘리베이터, 그리고 가정, 사업체, 그리고 공장의 거의 모든 기술의 전력 원이다. 만약 인류가 전기를 잃는다면 세상은 기능을 멈출 것이다.
[해설] If절의 동사가 과거형(were)인 것으로 보아 현재의 사실에 대한 반대를 가정(전기를 잃는다면)하는 가정법 과거가 알맞다. 가정법 과거의 주절은 〈주어+조동사의 과거형+동사원형〉으로 쓰므로 정답은 (c)이다.
[단어 및 관용어구]
electricity n. 전기
power source 전력 공급원, 전력원
factory n. 공장
humanity n. 인류
function v. (제대로) 기능하다, 작용하다

03 [정답] (a)
[해석] 아나벨라는 자기가 외출한 사이에 누군가 집에 무단 침입한 것 같은 흔적을 보고 경찰을 불렀다. 경찰관은 그날 밤은 친구네서 머물기를 제안했다.
[해설] 주절에 제안을 나타내는 동사 suggest가 쓰였으므로 that절의 동사는 should를 생략한 동사원형이 되어야 한다. 따라서 (a)가 정답이다.
[단어 및 관용어구]
sign n. 조짐, 흔적
break into (건물에) 침입하다

04 [정답] (b)
[해석] 휴스턴 심포니의 정식 시즌 개막일이었다. 르네타는 공연 시작 전에 두 명의 첼리스트를 인터뷰하기로 되어 있었다. 그녀가 콘서트홀에 도착했을 때 다른 연주자들은 그들의 악기를 조율하고 있었다.
[해설] 동사의 시제를 묻는 문제이다. 앞의 when절이 과거 시제이므로 과거 특정 시점 그 때에 진행 중이던 일을 설명하고 있음을 알 수 있다. 따라서 (b)가 정답이다.
[단어 및 관용어구]
be supposed to do ~하기로 되어 있다
tune v. (악기의) 음을 맞추다, 조율하다
instrument n. 악기

05 [정답] (d)

[해석] 일부 아이들은 선천적 심장 기형을 가지고 태어나지만 의료 수술의 높은 비용은 가정에 큰 부담이 될 수 있습니다. 저희 재단은 지금까지 40년 동안 그러한 가정에 의학적 지원을 제공해 왔습니다.

[해설] for 40 years now를 통해 현재 기준시점까지 그 이전부터 계속되어 온 일을 나타냄을 알 수 있다. 따라서 현재완료 시제의 (d)가 정답이다.

[단어 및 관용어구]
congenital a. 선천적인
deformity n. 기형
medical a. 의학[의료]의
procedure n. 수술
huge a. 거대한, 큰
burden n. 부담, 짐
foundation n. 재단
assistance n. 원조, 지원

06 [정답] (a)

[해석] 많은 우리 이웃의 집이 허리케인으로 피해를 입었습니다. 이 비극으로 인해 영향을 받은 사람들을 후원하는 데 관심이 있으시다면, 여러분이 지역 구호기금에 기부하시는 것을 권장 드립니다.

[해설] 동사의 형태를 묻는 문제이다. encourage는 목적격 보어로 to부정사를 쓰므로 정답은 (a)이다.

[단어 및 관용어구]
damage v. 피해를 입히다, 훼손하다
support v. 후원하다, 지원하다
affect v. 영향을 주다
tragedy n. 비극
encourage v. 권장하다, 장려하다
relief fund 구호기금
donate v. 기부하다

07 [정답] (a)

[해석] 그렉은 텅 빈 도로를 달리고 있던 중, 자기 뒤에서 다가오는 차를 알아차렸다. 그 다른 운전자는 그렉의 차 바로 뒤까지 바짝 오더니 그런 다음 그의 경적을 계속해서 울려대기 시작했다.

[해설] 동사의 형태를 묻는 문제이다. began는 to부정사 또는 동명사를 목적어로 취하는 동사이므로 (a)가 정답이다.

[단어 및 관용어구]
empty a. 텅 빈
notice v. 알아차리다, 인지하다
approach v. 다가오다
horn n. 경적
honk v. (경적을) 울리다, 빵빵거리다

08 [정답] (d)

[해석] 자넷은 베이 가에 새롭게 개업한 Eataly에 가보게 되어 신이 났다. 그녀가 거기 도착했을 때, 그녀는 엄청난 줄을 맞닥뜨렸다. 그녀는 자리에 앉기까지 한 시간을 기다렸다. 첫 입을 먹었을 때 그녀는 그 음식이 기다릴 가치가 있음을 깨달았다.

[해설] 동명사 관용 표현으로 '~할 가치가 있다'라는 의미는 ⟨be worth -ing⟩의 형태로 나타낸다. 따라서 정답은 동명사인 (d)이다.

[단어 및 관용어구]
massive a. 대규모의
queue n. (기다리는) 줄
worth a. ~할 가치가 있는

09 [정답] (c)

[해석] 토니와 안젤라는 겉보기로는 완벽한 커플 같을지 모르지만, 나는 정말로 그들이 똑같은 말다툼을 반복하는 것에 질렸다. 어제, 그들은 내가 마침내 그들을 떼어놓기 전에 30분 동안 다투고 있었다.

[해설] 동사의 시제를 묻는 문제이다. 과거 시점(before I finally split them up)을 기준으로 그 이전부터 일정 기간 동안 계속(for 30 minutes) 지속된 일을 나타내는 과거완료진행 시제임을 알 수 있다. 따라서 정답은 (c)이다.

[단어 및 관용어구]
seemingly ad. 겉보기에는
literally ad. 정말로
be sick of ~에 넌더리 나다
argument n. 논쟁, 말다툼
split up ~을 떼어놓다, 갈라놓다

10 [정답] (a)

[해석] 제이크는 패스트푸드 음식점에서 줄을 서 있다. 줄의 앞에 서 있는 한 커플은 무엇을 살지 결정하지 못해서 줄이 지체되게 하고 있었다. 제이크는 짜증이 나기 시작한다.

[해설] 동명사 관용 표현을 묻는 문제이다. '~하는데 어려움을 겪다'라는 의미는 ⟨have hard time -ing⟩의 형태로 쓰므로 정답은 (a)이다.

[단어 및 관용어구]
have hard time -ing ~하는데 어려움을 겪다
hold up (흐름이나 진행을) 지연시키다

11 [정답] (a)

[해석] 오늘 아침 나는 사무실에 출근하여 내 스타벅스 머그잔이 깨진 것을 보았다. 그것은 크리스마스 한정판이었다. 나는 여전히 어제 내가 사무실을 떠난 뒤 그것을 깬 사람이 잘못을 인정하고 사과하기를 기다리고 있다.

[해설] 알맞은 관계사를 묻는 문제이다. the person을 선행사로 하면서 동사 broke의 주어 역할을 하는 관계대명사가 필요하므로 who가 쓰인 (a)가 적절하다.

[단어 및 관용어구]
limited edition 한정판
own up (잘못을) 인정하다
apologize v. 사과하다

12
[정답] (d)

[해석] 내가 마침내 거슈윈 극장에 도착했을 때 '위키드' 공연은 이미 시작했었다. 만약 무례한 남자가 내가 타려던 택시를 빼앗아 가지 않았더라면 나는 제 시간에 도착했을 것이다.

[해설] 주절의 동사가 〈조동사의 과거형+have p.p〉이며 과거 사실에 대한 반대를 가정(택시를 빼앗아 가지 않았더라면)하고 있으므로 가정법 과거완료가 알맞다. 가정법 과거완료의 if절은 〈if+주어+had p.p.〉이므로 (d)가 정답이다.

[단어 및 관용어구]
performance n. 공연
rude a. 무례한
cab n. 택시
snatch v. 빼앗아 가다, 잡아채다

13
[정답] (b)

[해석] 지난주, 올림픽 챔피언이 스테로이드 사용에 대한 유죄를 인정했다. 우리 코치는 아침 조례 시간에 우리 팀을 모아서 모두 불법적인 약물 사용을 피할 것을 요구했다.

[해설] 주절에 요구를 나타내는 동사 demand가 쓰였으므로 that절의 동사는 should를 생략한 동사원형의 형태가 되어야 한다. 따라서 (b)가 정답이다.

[단어 및 관용어구]
plead guilty 유죄를 인정하다
gather v. 모으다
assembly n. 조례
demand v. 요구하다
illegal a. 불법적인
4n. 약물

14
[정답] (c)

[해석] 핸드폰 화면에 깜빡이는 점이 있어서 나는 지난주에 수리를 위해 전화기를 수리점으로 가지고 갔다. 오늘 아침 그것을 찾아왔는데 그 점이 여전히 있다. 그들은 그것을 면밀히 검사하지 않은 것이 틀림없다.

[해설] 알맞은 조동사를 묻는 문제이다. 문맥상 '면밀히 검사하지 않았음이 틀림없다'라는 의미가 되어야 하므로 '~하지 않았음이 틀림없다'라는 의미의 must have p.p.을 써야 한다. 따라서 (c)가 정답이다.

[단어 및 관용어구]
repair n. 수리
flicker v. 깜빡이다
dot n. 점
inspect v. 점검하다, 검사하다
closely v. 자세히, 면밀히

15
[정답] (d)

[해석] 프레드는 심한 목 통증으로 아파서 뭘 잘 삼킬 수가 없었다. 하지만 그의 상사 캐서린은 그에게 회의를 이끌어줄 것을 요청했다. 만약 프레드가 그녀에게 목에 대해 말했더라면 그녀는 그를 회의 리더로 지명하지 않았을 것이다.

[해설] 과거 사실에 대한 반대를 가정(목에 대해 말했더라면)하고 있으므로 가정법 과거완료가 되어야 한다. 가정법 과거완료의 주절은 〈주어+조동사의 과거형+have p.p.〉로 나타내므로 (d)가 정답이다.

[단어 및 관용어구]
    suffer from ~으로 고통받다
    severe a. 극심한, 심각한
    sore a. 아픈, 따가운
    throat 목구멍, 목
    barely ad. 가까스로, 간신히
    swallow v. 삼키다, (목구멍으로) 넘기다
    lead v. 이끌다
    appoint v. 임명하다, 지명하다

16 [정답] (c)
[해석] Veriphy Technology는 올해 아주 우수한 성과를 내며 큰 수익을 창출했다. 회사의 경영진들은 그들이 직원들의 노고에 대해 너그러운 보너스로 보상할 것이라고 보장한다.
[해설] 알맞은 조동사를 묻는 문제로 문맥상 '보상할 것이라고 보장한다'라는 의미가 적절하므로 미래를 나타내는 조동사 will이 적절하다. can이나 may는 주절의 동사 guarantee와 어울리지 않음에 유의한다.

17 [정답] (d) might have died
[해석] 브랜든과 그의 가족이 끔찍한 자동차 사고에서 살아남았다. 어젯밤, 졸음 운전을 하던 트럭 운전수가 고속도로에서 그들의 차에 부딪혔다. 만약 구조대가 그렇게 빨리 도착하지 않았더라면 그들은 아마 죽었을지도 모른다.
[해설] 과거 일어난 일(브랜든과 그의 가족이 자동차 사고에서 살아남음)에 대한 가정(구조대가 그렇게 빨리 오지 않았더라면)을 하고 있으므로 가정법 과거완료를 사용해야 한다. 가정법 과거완료의 주절은 〈주어+조동사의 과거형+have+p.p.〉이므로 정답은 (d)이다.
[단어 및 관용어구]
    survive v. 살아남다, 생존하다
    terrible a. 끔찍한
    accident n. 사고
    drive a. 운전하다
    sleepy a. 졸음이 오는
    paramedics n. 긴급 의료원
    arrive v. 도착하다

18 [정답] (c) had been implemented
[해석] 정부는 만약 국제 학생들이 온라인 수업에만 등록했다면 나라를 떠날 것을 요구하는 정책을 폐지하기로 결정했다. 만약 그 정책이 시행되었다면, 그것은 국제 학생들이 학업 중간에 집으로 돌아가도록 강요할 수 있었을 것이다.
[해설] 과거 일어난 일(정부가 국제 학생들에 관한 정책을 폐지하기로 결정함)에 대한 가정을 하고 있으므로 가정법 과거완료를 사용해야 한다. 가정법 과거완료의 if 종속절은 〈if+주어+had+p.p.〉이므로 정답은 (c)이다.
[단어 및 관용어구]
    decide v. 결정하다
    rescind v. 폐지하다
    policy n. 정책

require v. 요구하다
international student 국제 학생
enroll v. 등록하다
implement v. 시행하다
force v. 강제로 ~하다

19 [정답] (d) would have forgiven
[해석] 제임스는 수지의 집에 갔지만 그녀는 문을 열어주지 않았다. 그녀는 너무 화가 나서 다시는 그를 만나고 싶지 않다고 말했다. 그가 애당초 사과했더라면 그녀는 그를 용서했을 것이다.
[해설] 과거 일어난 일(제임스가 사과하지 않음)에 대한 가정(제임스가 사과를 했더라면)을 하고 있으므로 가정법 과거완료를 사용해야 한다. 가정법 과거완료의 주절은 〈주어+조동사의 과거형+have+p.p.〉이므로 정답은 (d)이다.
[단어 및 관용어구]
angry a. 화난
apologize v. 사과하다
in the first place 애당초
forgive v. 용서하다

20 [정답] (a) have been trying
[해석] 교육 전문가들은 휴교가 부유층 학생들과 빈곤층 학생들 사이의 교육 격차를 더욱 벌어지게 할 것이라고 경고하고 있다. 학교들은 코로나 바이러스 대유행이 시작된 이래로 온라인 수업을 제공하려고 노력해 왔지만, 학생들이 온라인 학습 상황에 계속 참여하게 하는 것은 어렵다.
[해설] 동사의 시제를 묻는 문제로, 접속사 since를 통해 완료 시제를 유추할 수 있고, 코로나 바이러스가 유행한 시점(began)이 과거이므로, 과거부터 지금까지를 나타내는 현재완료진행 시제인 (a)가 정답이다.
[단어 및 관용어구]
education n. 교육
expert n. 전문가
warn v. 경고하다
shutdown n. 폐쇄
gap n. 격차
provide v. 제공하다
pandemic n. 전국적인 유행병
engage in ~에 참여하게 하다

21 [정답] (b) had taken
[해석] 스포츠 스타의 비극적인 죽음은 그의 팬들을 충격에 빠뜨렸다. 부검에서 그가 오랜 기간 동안 불법 약물을 복용해 왔던 것이 드러났다. 많은 사람들은 현재 그가 세운 기록들에 의문을 제기하고 있다.
[해설] 동사의 시제를 묻는 문제로, 'for a long period of time(오랜 기간 동안)'이라는 표현에서 완료 시제를 유추할 수 있고, 약물을 복용한 시점이 죽은 시점보다 과거의 시점, 즉 대과거라는 사실을 추측할 수 있다. 그러므로 정답은 과거완료진행시제인 (d)이다.
[단어 및 관용어구]
tragic a. 비극적인
death n. 죽음

shocked a. 충격을 받은
autopsy n. 부검
reveal v. 드러내다
illegal a. 불법적인
drug n. 약물
period n. 기간
question v. 의심하다
record n. 기록
set v. 세우다

22 [정답] (d) had just bought
[해석] 오늘은 헤일리와 윌의 20번째 결혼기념일이다. 그 커플은 처음 만났던 날을 떠올리며 웃음을 터뜨렸다. 헤일리는 방금 산 차를 타고 집에 가고 있었는데 그때 윌이 뒤에서 차를 들이받았다.
[해설] 동사의 시제를 묻는 문제로, 헤일리가 자동차를 집으로 가고 있던 과거의 시점(was driving)보다 더 과거의 시점인 대과거라는 것을 추측할 수 있다. 그러므로 정답은 과거완료시제인 (d)가 정답이다.
[단어 및 관용어구]
wedding anniversary 결혼기념일
burst out laughing 웃음을 터뜨리다
recall v. 상기하다
crash into ~와 충돌하다

23 [정답] (c) which make it easier for them to spot
[해석] 과학자들은 아프리카 초원에 사는 얼룩말, 영양, 누 같은 몇몇 동물들이 포식자로부터 스스로를 보호하기 위해 종종 기린 근처로 모인다는 것을 발견했다. 멀리서도 위험을 쉽게 발견할 수 있는 그들의 큰 키와 예리한 시력 덕분에, 기린들은 주변을 더 잘 볼 수 있다.
[해설] 선행사가 their extreme height and sharp vision을 수식하는 형용사절을 찾는 문제이다. 선행사가 동물의 신체기관(their extreme height and sharp vision)이고, 관계사절 안에 동사 make의 주어가 없으며, 관계대명사 that은 콤마 뒤에 올 수 없으므로 주격 관계대명사인 which가 적당하다. 따라서 정답은 (c)이다.
[단어 및 관용어구]
grassland n. 초원
zebra n. 얼룩말
antelope n. 영양
gnu n. 누(남아프리카 지역의 암소 비슷한 영양)
gather v. 모이다
giraffe n. 기린
protect v. 보호하다
predator n. 포식자
extreme a. 극도의, 극한의
height n. 키
sharp a. 날카로운, 예리한
vision n. 시력
spot v. 찾다, 발견하다

danger n. 위험
in the distance 먼 곳에
view n. 시야
surrounding a. 주위의
area n. 지역

24 [정답] (d) hence

[해석] 복어는 인간을 포함한 다른 종들에게 치명적인 독성 물질을 가지고 있다. 복어 한 마리는 성인 30명을 충분히 죽일 만큼의 독을 함유하고 있다. 알려진 사용 가능한 해독제는 없다. 그러므로 사람들은 복어 섭취의 잠재적인 위험을 알아야 한다.

[해설] 접속사를 찾는 문제는 빈칸의 앞뒤 문맥을 고려하여 해결한다. 앞 문장에서 복어의 위험성과 해독제가 없음을 설명했고, 뒤 문장에서 사람들이 복어 섭취의 위험성을 알아야 한다는 내용이 이어진다. 따라서 문맥상 hence(그러므로)가 가장 적당하므로, 정답은 (b)이다.

[단어 및 관용어구]
puffer fish n. 복어
contain v. ~이 들어있다, ~을 함유하나
toxic a. 유독성의
substance n. 물질
deadly a. 치명적인
species n. 종
poison n. 독
kill v. 죽이다
adult n. 성인
known a. 알려진
antidote n. 해독제
available a. 구할 수 있는
be aware of ~을 알다
potential a. 잠재적인
4n. 위험

25 [정답] (d) should

[해석] 당신의 면접은 다음 주 수요일 10시로 예정되어 있습니다. 면접에 오실 때 지원서에 첨부했던 서류들을 가져오시기 바랍니다. 만약 인터뷰 일정을 변경하고 싶다면 적어도 이틀 전에 미리 연락 주셔야 합니다.

[해설] 조동사를 찾는 문제로, 전체적인 문맥을 고려하여 해결한다. 면접을 취소할 경우 미리 연락을 주어야 한다는 권고하는 내용이므로 의무, 권고의 의미를 가진 (d) should가 정답이다.

[단어 및 관용어구]
interview n. 면접
schedule v. 일정을 잡다, 예정하다
bring v. 가져오다
document n. 서류, 문서
attach v. 붙이다, 첨부하다
application n. 지원서
reschedule v. 일정을 변경하다

contact v. 연락하다
at least 적어도
in advance 미리

26 [정답] (c) interpreting
[해석] 확신 편향이란 용어는 우리가 우리의 믿음을 확신하는 정보는 받아들이고 반대되는 정보는 무시하는 우리의 성향을 말한다. 확신 편향은 우리가 자료를 있는 그대로 해석하는 것을 막음으로써 우리의 의사 결정에 영향을 미친다.
[해설] 동사의 형태를 묻는 문제로, prevent A from B에서 B에 들어갈 수 있는 동사의 형태는 동명사이다. 따라서 정답은 (c)이다.
[단어 및 관용어구]
term n. 용어
confirmation n. 확인, 확신
bias n. 편견
tendency n. 경향
accept v. 받아들이다
confirm v. 확인해 주다
belief n. 신념, 믿음
ignore v. 무시하다
contradictory a. 모순되는
affect v. 영향을 미치다
decision making 의사 결정
prevent v. 막다
interpret v. 설명하다, 해석하다
data n. 자료

|저|자|소|개|

김 태 은

약력

- 한국외국어대학교 영어학과 졸업
- 現 이패스코리아 G-TELP 전임강사
- 現 노량진 박문각 공무원 학원
- 前 노량진 아모르이그잼 공무원 학원
- 前 노량진 에듀윌 공무원 학원
- 前 전주 행정고시 공무원 학원
- 前 부산 한국경찰 공무원 학원
- 前 대치동 스카이 특례 입시학원
- 前 G-TELP KOREA 출강

주요저서

- 김태은 영어문법 한눈에 보기
- 김태은 영어 어휘 DRIVER
- 김태은 DNA 공무원영어 기본 문법
- 김태은 DNA 공무원영어 구문 독해
- 김태은 DNA 공무원영어 기출 8개년

김태은 G-TELP 한방에 끝내기 : LEVEL 2 65점 단기완성

초판 인쇄 | 2025년 3월 24일
초판 발행 | 2025년 4월 7일

지은이 김태은
발행인 이재남
발행처 (주)이패스코리아
       [본사] 서울시 영등포구 경인로 775 에이스하이테크시티 2동 1004호
       [학원] 서울시 종로구 청계천로 35 관정빌딩 6층
전   화 02-722-0533 팩스 070-8956-1148
홈페이지 www.epasskorea.com
이 메 일 edu@epasskorea.com
등록번호 제318-2003-000119호(2003년 10월 15일)

※ 잘못된 책은 교환해 드립니다.
※ 이 책은 저작권법에 의해 보호를 받는 저작물이므로 무단전재와 복제를 금합니다.
본교재의 저작권은 이패스코리아에 있습니다.